常用成语溯源

俊　宁　主编

吉林人民出版社

图书在版编目（CIP）数据

常用成语溯源 / 俊宁主编. — 长春 : 吉林人民出版社, 2010.10（2021.3重印）

（青少年探索文库）

ISBN 978-7-206-07104-1

Ⅰ.①常… Ⅱ.①俊… Ⅲ.①汉语—成语—青少年读物 Ⅳ.①H136.3-49

中国版本图书馆CIP数据核字(2010)第192132号

常用成语溯源

主　　编:俊　宁

责任编辑:葛　琳

吉林人民出版社出版（长春市人民大街 7548 号　邮政编码:130022）

印　刷:三河市燕春印务有限公司

开　本:700mm×970mm　　1/16

印　张:13　　　　字数:110 千字

标准书号:ISBN 978-7-206-07104-1

版　次:2010 年 10 月第 1 版　　　印　次:2021 年 3 月第 2 次印刷

定　价:39.00 元

目 录

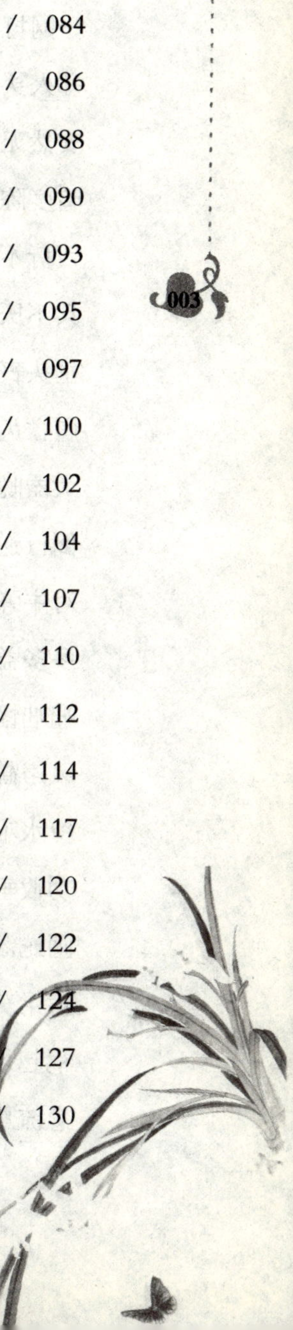

铁杵磨针

出处

《方舆胜览》："世传李太白读书山中，未成，东去，过小溪，逢东媪方磨铁杵，问之，曰：'欲作针。'太白感其意，还卒业。"

典故

唐朝著名大诗人李白小时候不喜欢念书，常常逃学，到街上去闲逛。

一天，李白又没有去上学，在街上东溜溜、西看看，不知不觉到了城外。暖和的阳光、欢快的小鸟、随风摇摆的花草使李白感叹不已，"这么好的天气，如果整天在屋里读书多没意思？"

走着走着，在一个破茅屋门口，坐着一个满头白发的老婆婆，正在磨一根棍子般粗的铁杵。李白走过去，“老婆婆，您在做什么？”

“我要把这根铁杵磨成一个绣花针。”

老婆婆抬起头，对李白笑了笑，接着又低下头继续磨着。

“绣花针？”李白又问：“是缝衣服用的绣花针吗？”

“当然！”

“可是，铁杵这么粗，什么时候能磨成细细的绣花针呢？”

老婆婆反问李白：“滴水可以穿石，愚公可以移山，铁杵为什么不能磨成绣花针呢？”

“可是，您的年纪这么大了？”

“只要我下的功夫比别人深，没有做不到的事情。”

老婆婆的一番话，令李白很惭愧，于是回去之后，再没有逃过学。每天的学习也特别用功，终于成了名垂千古的诗仙。

释读

“只要功夫深，铁杵楚磨成针”是一句谚语，后演变为成语“铁杵成针”。比喻只要努力不懈，持之以恒，就一定能达到目的。

闻鸡起舞

出处

《晋书·祖逖传》："中夜闻荒鸡鸣，蹴琨（刘琨）觉曰：'此非恶声也。'因起舞。"

典故

晋代的祖逖是个胸怀坦荡、具有远大抱负的人。可他小时候却是个不爱读书的淘气孩子。进入青年时代，他意识到自己知识的贫乏，深感不读书无以报效国家，于是就发奋读起书来。他广泛阅读书籍，认真学习历史，于是就发奋读起书来。他广泛阅读书籍，认真学习历史，从中汲取了丰富的知识，学问大有长进。他曾几次进出京都洛阳，接触过他的人都说，祖逖是个能辅佐帝王治理国家的人才。祖逖二十四岁的时候，曾有人推荐他去做官，他没有答应，仍然不懈地努力读书。

后来，祖逖和幼时的好友刘琨一志担任司州主簿。他与刘琨感情深厚，不仅常常同床而卧，同被而眠，而且还有着共同的远大理想：建功立业，复兴晋国，成为国家的栋梁之才。

一次，半夜里祖逖在睡梦中听到公鸡的鸣叫声，他一脚把刘琨踢醒，对他说："别人都认为半夜听见鸡叫不吉利，我偏不这样想，咱们干脆以后听见鸡叫就起床练剑如何？"刘琨欣然同意。于是他们每天鸡叫后就起床练剑，剑光飞舞，剑声铿锵。春去冬来，寒来暑往，从不间断。功夫不负有心人，经过长期的刻苦学习和训练，他们终于成为能文能武的全才，既能写得一手好文章，又能带兵打胜仗。祖逖被封为镇西将军，实现了他报效国家的愿望；刘琨做了都督，兼管并、冀、幽三州的军事，也充分发挥了他的文才武略。

释读

夜里听到鸡啼就起床舞剑。后比喻有志之士奋发图强，准备为国效力。荒鸡：在半夜不到一定时间啼叫的鸡，古人以为不祥。

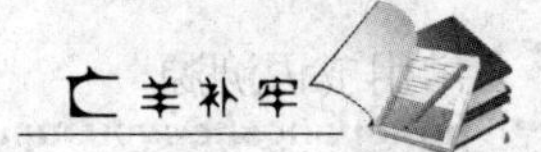

亡羊补牢

出处

《战国策·楚策四》：“臣闻鄙语曰：‘见兔而顾犬，未为晚也；亡羊而补牢，未为迟也。”

典故

这故事出自“战国策”。战国时代，楚国有一个大臣，名叫庄辛，有一天对楚襄王说：“你在宫里面的时候，左边是州侯，右边是夏侯；出去的时候，鄢陵君和寿跟君又总是随着你。你和这四个人专门讲究奢侈淫乐，不管国家大事，郢（楚都，在今湖北省江陵县北）一定要危险啦!”

襄王听了，很不高兴，生气骂道：“你老糊涂了吗？故意说这些险恶的话惑乱人心吗？”

庄辛不慌不忙的回答说："我实在感觉事情一定要到这个地步的，不敢故意说楚国有什么不幸。

如果你一直宠信这个人，楚国一定要灭亡的。你既然不信我的话，请允许我到赵国躲一躲，看事情究竟会怎样？"庄辛到赵国才住了五个月，秦国果然派兵侵楚，襄王被迫流亡到阳城（今河南息县西北）。这才觉得庄辛的话不错，赶紧派人把庄辛找回来，问他有什么办法。庄辛很诚恳地说："我听说过，看见兔子牙想起猎犬，这还不晚；羊跑掉了才补羊圈，也还不迟。……"

释读

这是一则很有意义的故事，只知道享乐，不知道如何做事，其结果必然是遭到悲惨的失败无疑。

"亡羊补牢"这句成语，便是根据上面两句话而来的，表达处理事情发生错误以后，如果赶紧去挽救，还不为迟的意思。例如：一个企业家，因估计事情的发展犯了错误，轻举冒进，陷入失败的境地。但他并不气馁，耐心地将事情再想了一遍，从这次的错误中吸取教训，"亡羊补牢"，从头做起，还不算晚呢！

守株待兔

出处

《韩非子·五蠹》：“宋人有耕者，田中有株，兔走触株，折颈而死，因释其耒而守株，冀复得兔。兔不可复得，而身为宋国笑。”

典故

相传在战国时代宋国，有一个农民，日出而作，日落而息。遇到好年景，也不过刚刚吃饱穿暖；一遇灾荒，可就要忍饥挨饿了。他想改善生活，但他太懒，胆子又特小，干什么都是又懒又怕，总想碰到送上门来的意外之财。

奇迹终于发生了。深秋的一天，他正在田里耕地，周围有人在打猎。吆喝之声四处起伏，受惊的小野兽没命的奔跑。突然，有一只兔子不偏不倚，一头撞死在他田边的树根上。

当天，他美美地饱餐了一顿。

从此，他便不再种地。一天到晚，守着那神奇的树根，等着奇迹的出现。

释读

成语“守株待兔”，比喻妄想不劳而得，或死守狭隘的经验，不知变通。

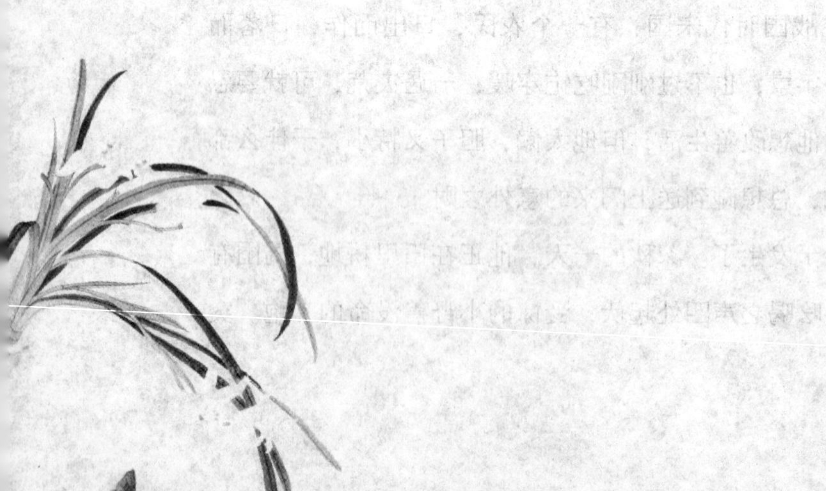

揠苗助长

出处

《孟子·公孙丑上》：“宋人有闵其苗之不长而揠之者，茫茫然归，谓其人曰：‘今日病矣，予助苗长矣。’其子趋而往视之，苗则槁矣。”

典故

从前宋国有一个农夫，嫌自已田里的秧苗长得太慢，因此整天忡忡忧忧。有一天，他又荷着锄头下田了，他觉得稻苗似乎一点也没长大，于是苦心思索着有什么办法可以使稻子长高一点。

忽然，他灵机一动，毫不犹豫地卷起裤管就往水田里跳，开始把每一棵秧苗拉高一点。傍晚，农夫好不容易才完成他自以为聪明的杰作，得意洋洋的跑回家，迫不及待地告诉他妻子说："告诉你一件了不起的事，我今天想到一个好点子，让咱们田里的稻苗长高了不少。"他妻子半信半疑，就叫儿子到田里去看究竟是怎么回事。儿子听到家里的稻子长高了，兴奋地跑到田里去看。这时，他发现稻苗是长高了，但是却一棵棵低垂着，眼看着就要枯萎了。

释读

这个故事告诉我们，千万不可以学宋国农夫的做法，一切事情都有它的顺序，如果一心只想早点完成就破坏它的次序，到头来不仅不能提早完成，反而一事无成。

买椟还珠

出处

《韩非子·外储说左上》：“楚人有卖其珠于郑者，为木兰之柜，重以桂椒，缀以珠玉，饰以玫瑰，辑以羽翠。郑人买其椟而还其珠。”

典故

一个楚国人，他有一颗漂亮的珍珠，他打算把这颗珍珠卖出去。为了卖个好价钱，他便动脑筋要将珍珠好好包装一下，他觉得有了高贵的包装，那么珍珠的“身份”就自然会高起来。

这个楚国人找来名贵的木兰，又请来手艺高超的匠人，为珍珠做了一个盒子（即椟），用桂椒香料把盒子熏得香气扑鼻。

然后，在盒子的外面精雕细刻了许多好看的花纹，还镶上漂亮的金属花边，看上去，闪闪发亮，实在是一件精致美观的工艺品。

这样，楚人将珍珠小心翼翼地放进盒子里，拿到市场上去卖。

到市场上不久，很多人都围上来欣赏楚人的盒子。一个郑国人将盒子拿在手里看了半天，爱不释手，终于出高价将楚人的盒子买了下来。郑人交过钱后，便拿着盒子往回走。可是没走几步他又回来了。楚人以为郑人后悔了要退货，没等楚人想完，郑人已走到楚人跟前。只见郑人将打开的盒子里的珍珠取出来交给楚人说："先生，您将一颗珍珠忘记放在盒子里了，我特意回来还珠子的。"于是郑人将珍珠交给了楚人，然后低着头一边欣赏着木盒子，一边往回走。

楚人拿着被退回的珍珠，十分尴尬地站在那里。他原本以为别人会欣赏他的珍珠，可是没想到精美的外包装超过了包装盒内的价值，以致于"喧宾夺主"，令楚人哭笑不得。

释读

郑人只重外表而不顾实质，使他做出了舍本求末的不当取舍；而楚人的"过分包装"也有些可笑。

按图索骥

出处

这个成语来源于《艺林伐山》，伯乐《相马经》有“隆颡蚨日，蹄如累曲”之语，其子执《马经》以求马。出见大蟾蜍，谓其父：“得一马，略与相同，但蹄不如累曲尔。”

典故

孙阳，春秋时秦国人，相传是我国古代最著名的相马专家，他一眼就能看出一匹马的好坏。因为传说伯乐是负责管理天上马匹的神，因此人们都把孙阳叫做伯乐。

据说，伯乐把自已丰富的识马经验，编写成一本《相马经》。在书上，他写了各种各样的千里马的特征，并画了不少插图，供人们作识马的参考。

伯乐有个儿子，智质很差，他看了父亲的《相马经》，也很想出去找千里马。他看到《相马经》上说："千里马的主要特征是，高脑门，大眼睛，蹄子像摞起来的酒曲块"，便拿着书，往外走去，想试试自己的眼力。

走了不远，他看到一只大癞蛤蟆，忙捉回去告诉他父亲说："我找到了匹好马，和你那本《相马经》上说的差不多，只是蹄子不像摞起来的酒曲块！"

伯乐看了看儿子手里的大癞蛤蟆，不由感到又好笑又好气，幽默地说："这'马'爱跳，没办法骑呀！"

释读

按图像寻求良马，比喻做事拘泥教条，墨守成规。现在指顺着线索去寻找。索是寻找、觅求，骥是好马。

滥竽充数

出处

《韩非子·内储说上》：“齐宣王使人吹竽，必三百人。南郭处士请为王吹竽，宣王说之，廪食以数百人。宣王死，湣王立，好一一听之，处士逃。”

典故

据《韩非子》记载，齐宣王爱听吹竽，又好讲排场。为他吹竽的就有三百人。他常常叫这三百人一齐吹竽给他听。有个南郭先生，根本就不会吹竽，看到这个机会，就到齐宣王那里去，请求参加这个吹竽队。齐宣王就把他编在吹竽队里，并且给他很高的薪水。这位根本不会吹竽的南郭先生，每逢吹竽，就混在队里，拿着竽装腔作势。这样一天天混过去，不曾被人发现。

等到齐宣王死了，齐湣王接替王位。他和齐宣王不同，不喜欢听大家一起吹竽，而是喜欢叫吹竽的人一个一个地来吹给他听。南郭先生听到这个消息，只好逃之夭夭，不敢再冒充吹竽人了。

释读

西方谚语说，你可以在某时欺骗某一些人，却不能一直欺骗所有的人。南郭先生不会吹竽硬装做会吹竽，终有露出马脚之时。

这个故事也说明南郭先生不善于运用良好的学习条件。在齐宣王300人的吹竽队里，与其他299名乐师相处，学习资源还算丰富。但他没有意识到这一点，满足于滥竽充数，自欺欺人，只能落个逃之夭夭的下场。

盲人摸象

出处

《大般涅槃经》三二：“其触牙者即言象形如芦菔根，其触耳者言象如箕，其触头者言象如石，其触鼻者言象如杵，其触脚者言象如木臼，其触脊者言象如床，其触腹者言象如瓮，其触尾者言象如绳。”

典故

据古代印度佛经中讲，古时印度有一个小国，国王名叫镜面王。他信奉释迦牟尼的佛教，每天都拜佛诵经，十分虔诚。可是，国内当时流行着很多神教巫道，多数臣民被它们的说教所迷惑，人心混乱，是非不明，很不利于国家的治理。镜面王很想让其臣民们都归依佛教，于是就想出了一个主意：用盲人摸象的现身说法教育诱导他们。镜面王吩咐侍臣说：“你找一些完全失明的盲人到王城来。”使者很快就凑集了一群盲人，带领他们来到王宫。

使者走进宫殿向镜面王禀报说：“大王，您吩咐找的盲人现已带到殿前。”镜面王说：“你明天一早带领盲人们到象苑去，让他们每人只能触摸大象身体的一个部位，然后马上带他们来王宫前广场。”

第二天上午，镜面王召集所有的大臣和数万平民聚集在王宫前的广场上，沸沸扬扬的人们交头接耳，谁也不知道国王将要宣布什么重大的事情。不一会儿，使者领着盲人们来到了镜面王的高座前，广场上的人们顿时安静了下来。镜面王向盲人们问道：“你们都摸到大象了吗？”盲人们齐声回答说：“我摸到大象了！”镜面王又说：“你们每个人都讲述一下大象是什么模样的？”摸到大象腿的盲人首先站出来说：“禀告圣明的国君，大象就像一只盛漆的大圆桶。”摸到大象尾巴的盲人说：“大王，大象应该像一把扫帚。”摸到大象腹部的盲人说：“大王，大象确实像大鼓。”随后，摸到大象头部的说大象像大勺子，摸到大象牙的说大象像牛角，摸到大象尾巴后部的说大象像棍杖，摸到大象耳朵的则说大象犹如簸箕。最后，摸到大象鼻子的盲人说：“圣明的大王，大象实在像一根粗绳索。”一群盲人分成了几伙，吵吵嚷嚷，争论不休，都说自己正确而别人说的不对。他们又纷纷到镜面王前争辩说：“大王！大象的模样确实像我说的那样！”这时，在场的臣民见此都大笑不止，镜面王也意味深长地看着众人笑了起来。

释读

比喻对事物只凭片面的了解或局部的经验，就乱加猜测，想做出全面的判断。

井底之蛙

出处

《庄子·秋水》：“井蛙不可以语于海者，拘于虚也。”

典故

《庄子秋水篇》讲了一个浅井的青蛙和东海之鳖的故事。一日，一只浅井的青蛙见到一只东海大鳖，便兴致勃勃地对它说：“我可快乐啦！出来就在井栏边跳来跳去，进去就在井壁砖缝中休息；跳入井中，水就泡着我的两腋和腮；游到浅处，泥汤就没了我的脚。我独占一井之水，螃蟹和蝌蚪都没法跟我相比，你何不也下来看看？”

东海之鳖来到井边，左脚还没进去，右膝已经被卡住了。东海之鳖慢慢退了出去，然后对这只浅井青蛙讲述了大海的样子："用千里之遥这样的字眼儿，不足以说明大海的广阔；用千仞之高这样的词，不足以量尽它的深度。大禹时十年九涝，海水没显出增加了多少；商汤时八年七旱，海水也并不见减少多少……"浅井的青蛙听得目瞪口呆，惊恐万分，茫茫然若有所失，它何尝想到还有比它的一方水井更大的世界呢!

释读

井底的蛙只能看到井口那么大的一块天。比喻见识狭窄的人。

邯郸学步

出处

《庄子·秋水》："且子独不闻夫寿陵余子之学行于邯郸与？未得国能，又失其故行矣，直匍匐而归耳！"

典故

相传在两千年前，燕国寿陵地方有一位少年，不知道姓啥叫啥，就叫他寿陵少年吧！

这位寿陵少年不愁吃不愁穿，论长相也算得上中等人才，可他就是缺乏自信心，经常无缘无故地感到事事不如人，低人一等——衣服是人家的好，饭菜是人家的香，站相坐相也是人家高雅。他见什么学什么，学一样丢一样，虽然花样翻新，却始终不能做好一件事，不知道自己该是什么模样。

家里的人劝他改一改这个毛病，他以为是家里人管得太多。

亲戚、邻居们说他是狗熊掰棒子，他也根本听不进去。日久天长，他竟怀疑自己该不该这样走路，越看越觉得自己走路的姿势太笨，太丑了。

有一天，他在路上碰到几个人说说笑笑，只听得有人说邯郸人走路姿势那叫美。他一听，急忙走上前去，想打听个明白。不料想，那几个人看见他，一阵大笑之后扬长而去。

邯郸人走路的姿势究竟怎样美呢？他怎么也想象不出来。这成了他的心病。终于有一天，他瞒着家人，跑到遥远的邯郸学走路去了。

一到邯郸，他感到处处新鲜，简直令人眼花缭乱。看到小孩走路，他觉得活泼、美，学；看见老人走路，他觉得稳重，学；看到妇女走路，摇摆多姿，学。就这样，不过半月光景，他连走路也不会了，路费也花光了，只好爬着回去了。

释读

故事出自《庄子·秋水》。成语“邯郸学步”，比喻生搬硬套，机械地模仿别人，不但学不到别人的长处，反而会把自己的优点和本领也丢掉。

掩耳盗铃

出处

《吕氏春秋·自知》："有得钟者，欲负而走，则钟大不可负。以椎毁之，钟况然有音。恐人闻之而夺己也，遽掩其耳。"

典故

春秋时侯，晋国贵族智伯灭掉了范氏。有人趁机跑到范氏家里想偷点东西，看见院子里吊着一口大钟。钟是用上等青铜铸成的，造型和图案都很精美。小偷心里高兴极了，想把这口精美的大钟背回自已家去。可是钟又大又重，怎么也挪不动。他想来想去，只有一个办法，那就是把钟敲碎，然后再分别搬回家。

小偷找来一把大锤，拼命朝钟砸去，咣的一声巨响，把他吓了一大跳。小偷着慌，心想这下糟了，这种声不就等于是告诉人们我正在这里偷钟吗？他心里一急，身子一下子扑到了钟上，张开双臂想捂住钟声，可钟声又怎么捂得住呢！钟声依然悠悠地传向远方。

他越听越害怕，不由自主地抽回双手，使劲捂住自已的耳朵。“咦，钟声变小了，听不见了！”小偷高兴起来，“妙极了！把耳朵捂住不就听不到钟声了吗！”他立刻找来两个布团，把耳朵塞住，心想，这下谁也听不见钟声了。于是就放手砸起钟来，一下一下，钟声响亮地传到很远的地方。人们听到钟声蜂拥而至把小偷捉住了。

释读

“掩耳盗钟”被说成“掩耳盗铃”，比喻愚蠢自欺的掩饰行为。

叶公好龙

出处

汉·刘向《新序·杂事》："叶公子高好龙，钩以写龙，凿以写龙，屋室雕文以写龙。于是天龙闻而下之，窥头于牖，施尾于堂。叶公见之，弃而还走，失其魂魄，五色无主。是叶公非好龙也，好夫似龙而非龙者也。"

典故

鲁哀公经常向别人说自己是多么地渴望人才，多么喜欢有知识才干的人。有个叫子张的人听说鲁哀公这么欢迎贤才，便从很远的地方风尘仆仆地来到鲁国，请求拜见鲁哀公。

子张在鲁国一直住了七天，也没等到鲁哀公的影子。原来鲁哀公说自己喜欢有知识的人只是赶时髦，学着别的国君说说而已，对前来求见的子张根本没当一回事，早已忘到脑后去了。子张很是失望，也十分生气。他给鲁哀公的车夫讲了一个故事，并让车夫把这个故事转述给鲁哀公听。

然后，子张悄然离去了。

终于有一天，鲁哀公记起子张求见的事情，准备叫自己的车夫去把子张请来。车夫对鲁哀公说："他早已走了。"

鲁哀公很是不明白，他问车夫道："他不是投奔我而来的吗？为什么又走掉了呢？"

于是，车夫向鲁哀公转述了子张留下的故事。那故事是这样的：

有个叫叶子高的人，总向人吹嘘自己是如何如何喜欢龙。他在衣带钩上画着龙，在酒具上刻着龙，他的房屋卧室凡是雕刻花纹的地方也全都雕刻着龙。天上的真龙知道叶子高是如此喜欢龙，很是感动。一天，真龙降落到叶子高的家里，它把头伸进窗户里探望，把尾巴拖在厅堂上。这叶子高见了，吓得脸都变了颜色，惊恐万状，回头就跑。真龙感到莫名其妙，很是失望。其实那叶公并非真的喜欢龙，只不过是形式上、口头上喜欢罢了。

释读

我们现实生活中像叶子高这样的人也有不少，他们往往口头上标榜的是一套，而一旦要动真格的，他们却临阵脱逃了，这跟叶公好龙又有什么两样呢？

水滴石穿

出处

《汉书·枚乘传》："泰山之穿石，单极之绠断干。水非石之钻，索非木之锯，渐靡使之然也。"

宋·罗大经《鹤林玉露·一钱斩吏》："张乖崖为崇阳令，一吏自库中出，视其鬓傍巾下有一钱，诘之，乃库中钱也。乖崖命杖之，吏勃然曰：'一钱何足道，乃杖我耶！尔能杖我，不能斩我也。'乖崖援笔判曰：'一日一钱，千日千钱，绳锯木断，水滴石穿。'"

典故

宋朝时，张乖崖在崇阳当县令。当时，常有军卒侮辱将帅、小吏侵犯长官的事。张乘崖认为这是一种反常的事，下决心要整治这种现象。

一天，他在衙门周围巡行。突然，他看见一个小吏从府库中慌慌张张地走出来。张乘崖喝住小吏，发现他头巾下藏着一文钱。那个小吏支吾了半天，才承认是从府军中偷来的。张乘崖把那个小吏带回大堂，下令拷打。那小吏不服气："一文钱算得了什么！你也只能打我，不能杀我！"张乘崖大怒，判道："一日一钱，千日千钱，绳锯木断，水滴石穿。"为了惩罚这种行为，张乘崖当堂斩了这个小吏。

释读

成语"水滴石穿"原比喻小错不改，将会变成大错。现比喻只要坚持不懈，总能办成事情。

自相矛盾

出处

“矛盾”一语，见于《韩非子·难一》：“楚人有鬻盾与矛者，誉之曰：‘吾盾之坚，物莫能陷也。’又誉其矛曰：‘吾矛之利，于物无不陷也。’或曰：‘以子之矛，陷子之盾，何如?’其人弗能应也。”

典故

楚国有一个卖兵器的人，到市场上去卖矛和盾。

好多人都来看，他就举起他的盾，向大家夸口说：“我的盾，是世界上最最坚固的，无论怎样锋利尖锐的东西也不能刺穿它!”

接着，这个卖兵器的人又拿起一支矛，大言不惭地夸起来：“我的矛，是世界上最尖利的，无论怎样牢固坚实的东西也挡不住它一戳，只要一碰上，嘿嘿，马上就会被它刺穿!”他十分得意，便又大声吆喝起来：“快来看呀，快来买呀，世界上最最坚固的盾和最最锋利的矛!”

这时，一个看客上前拿起一支矛，又拿起一面盾牌问道：“如果用这矛去戳这盾，会怎样呢?”“这——?”围观的人先都一楞，突然爆发出一阵大笑，便都散了。

那个卖兵器的人，灰溜溜地扛着矛和盾走了。

释读

“矛”古代一种长柄的装有金属枪头的武器，用以刺杀敌人。“盾”，古代用来保护自己、抵档敌人刺杀的武器。后以自相矛盾比喻语言、行动前后不一致或互相抵触。

卧薪尝胆

出处

《史记·越王勾践世家》：“越王勾践反国，乃苦身焦思，置胆于坐，坐卧即仰胆，饮食亦尝胆也。”

典故

春秋时期，吴越两国相邻，经常打仗，有次吴王领兵攻打越国，被越王勾践的大将灵姑浮砍中了右脚，最后伤重而亡。吴王死后，他的儿子夫差继位。三年以后，夫差带兵前去攻打越国，以报杀父之仇。

公元前 497 年，两国在夫椒交战，吴国大获全胜，越王勾践被迫退居到会稽。吴王派兵追击，把勾践围困在会稽山上，情况非常危急。此时，勾践听从了大夫文种的计策，准备了一些金银财宝和几个美女，派人偷偷地送给吴国太宰，并通过太宰向吴王求情，吴王最后答应了越王勾践的求和。

但是吴国的伍子胥认为不能与越国讲和，否则无异于放虎归山，可是吴王不听。

越王勾践投降后，便和妻子一起前往吴国。他们夫妻俩住在夫差父亲墓旁的石屋里，做看守坟墓和养马的事情。夫差每次出游，勾践总是拿着马鞭，恭恭敬敬地跟在后面。后来吴王夫差有病，勾践为了表明他对夫差的忠心，竟亲自去尝夫差大便的味道，以便来判断夫差病愈的日期。夫差病好的日期恰好与勾践预测的相合，夫差认为勾践对他敬爱忠诚，于是就把勾践夫妇放回越国。越王勾践回国以后，立志要报仇雪恨。为了不忘国耻，他睡觉就卧在柴薪之上，坐卧的地方挂着苦胆，表示不忘国耻，不忘艰苦。经过十年的积聚，越国终于由弱国变成强国，最后打败了吴国，吴王羞愧自杀。

释读

人们把这个故事概括为“卧薪尝胆”。用来形容人刻苦自励，发奋图强。

东施效颦

出处

《庄子·天运》："故西施病心而颦其里，其里之丑人见而美之，归亦捧心而颦其里。其里之富人见之，坚闭门而不出；贫人见之，挈妻子而去之走。彼知颦美，而不知颦之所以美。"

典故

西施是中国历史上的"四大美女"之一，是春秋时期越国人，她的一举一动都十分吸引人，只可惜她的身体不好，有心痛的毛病。

有一次，她在河边洗完衣服准备回家，就在回家的路上，突然因为胸口疼痛，所以她就用手扶住胸口，皱着眉头。虽然她的样子非常难受不舒服，但是见到的村民们却都在称赞，说她这样比平时更美丽。

同村有位名叫东施的女孩，因为她的长相并不好看，他看到村里的人都夸赞西施用手扶胸的样子很美丽，于是也学着西施的样子扶住胸口，皱着眉头，在人们面前慢慢地走动，以为这样就有人称赞她。她本来就长得丑，再加上刻意地模仿西施的动作，装腔作势的怪样子，让人更加厌恶。有人看到之后，赶紧关上大门；有些人则是急忙拉妻儿躲得远远的，他们比以前更加瞧不起东施了！

释读

东施只知道西施皱着眉的样子美丽，却不知道这是因为西施本身美貌的原因。刻意地去模仿，结果只给后人留下“东施效颦”的笑话。

愚公移山

出处

《列子·汤问第五》记载：愚公家门前有两大座山挡着路，他决心把山平掉，另一个老人智叟笑他太傻，认为不能能。愚公说：我死了有儿子，儿子死了还有孙子，子子孙孙是没有穷尽的，两座山终究会凿平。

典故

传说古时候有两座大山，一座叫太行山，一座叫王屋山。那里的北山住着一位老人名叫愚公，快九十岁了。他每次出门，都因被这两座大山阻隔，要绕很大的圈子，才能到南方去。

一天，他把全家人召集起来，说："我准备与你们一起，用毕生的精力来搬掉太行山和王屋山，修一条通向南方的大道。你们说好吗？”

大家都表示赞成，但愚公的老伴提出了一个问题：“我们大家的力量加起来，还不能搬移一座小山，又怎能把太行、王屋两座大山搬掉呢？再说，把那些挖出来的泥土和石块放到哪里去呢？”

讨论下来大家认为，可以把挖出来的泥土和石块扔到东方的海边和北方最远的地方。

第二天一早，愚公带着儿孙们开始挖山。虽然一家人每天挖不了不少，但他们还是坚持挖。直到换季节的时候，才回家一次。

有个名叫智叟的老人得知这件事后，特地来劝愚公说：“你这样做太不聪明了，凭你这有限的精力，又怎能把这两座山挖平呢？”愚公回答说：“你这个人太顽固了，简直无法开导，即使我死了，还有我的儿子在这里。儿子死了，还有孙子，孙子又生孩子，孩子又生儿子。子子孙孙是没有穷尽的，而山却不会再增高，为什么挖不平呢？”

当时山神见愚公他们挖山不止，便向天神报告了这件事。天神被愚公的精神感动，派了两个大力神下凡，把两座山背走。从此，这里不再有高山阻隔了。

释读

比喻坚持不懈地改造自然和坚定不移地进行斗争。

夜郎自大

出处

《史记·西南夷列传》：“滇王与汉使者言曰：‘汉孰与我大？’及夜郎侯亦然。以道不通故，各自以为一州主，不知汉广大。”

典故

汉朝的时候，在西南方有个名叫夜郎的小国家，它虽然是一个独立的国家，可是国土很小，百姓也少，物产更是少得可怜。但是由于邻近地区以夜郎这个国家最大，从没离开过国家的夜郎国国王就以为自己统治的国家是全天下最大的国家。

有一天，夜郎国国王与部下巡视国境的时候，他指着前方问说：“这里哪个国家最大呀？”部下们为了迎合国王的心意，于是就说：“当然是夜郎国最大啰！”走着走着，国王又抬起头来、望着前方的高山问说：“天底下还有比这座山更高的山吗？”部下们回答说：“天底下没有比这座山更高的山了。

后来，他们来到河边，国王又问：“我认为这可是世界上最长的河川了。”部下们仍然异口同声回答说：“大王说得一点都没错。”从此以后，无知的国王就更相信夜郎是天底下最大的国家。

有一次，汉朝派使者来到夜郎，途中先经过夜郎的邻国滇国，滇王问使者：“汉朝和我的国家比起来哪个大？”使者一听吓了一跳，他没想到这个小国家，竟然无知的自以为能与汉朝相比。却没想到后来使者到了夜郎国，骄傲又无知的国王因为不知道自已统治的国家只和汉朝的一个县差不多大，竟然不知天高地厚也问使者：“汉朝和我的国家哪个大？”

释读

“夜郎自大”比喻孤陋寡闻而又妄自尊大。

熟能生巧

出处

出自欧阳修的《归田录》："无他，但手熟尔"和"我亦无他，唯手熟尔。"

典故

从前有个叫陈康肃，号尧咨的人，箭术精良，举世无双。他因此心里非常的骄傲，常常夸耀自己的本领。"哈，哈，哈，我的箭术没人比得上。你们有谁愿意跟我比比看啊？"

"师父，您实在是太高明了，我们怎么比得上您呢？""是啊，我们还要多跟您学习呢！师父您再表演一下，让我们开开眼界嘛！"这些想从陈尧咨那儿学得箭术的年轻人，每天都说些恭维他的话，让他开心。

有一天陈尧咨带着徒弟在院子里练习射箭，有一个卖油的老翁正好走过，便停下来看。

陈尧咨举起了弓，搭上箭，一连发出十枝箭，每支箭都正中红心。徒弟们在旁边拍手叫好，陈尧咨也很神气地对老翁说："你看怎么样？"那个老翁只是微微点头，并不叫好。

陈尧咨心里很不舒服，不客气的问他："喂，你这个老头也会射箭吗？""不会。""那么是我的箭射得不好吗？""好是好，不过，这只是一平常的技术罢了，并没有什么了不起。""老头儿，你说的是什么话？竟然这样侮辱我们师父。你知不知道我们师父的箭术没人能比得上。你简直太看不起人了。"

"年轻人，你先别生气，我说的是真话。你师父的箭术的确平常的很，没什么值得夸赞的。""老头儿，听你这么说好像很内行，那你就露两手给我们瞧瞧。不服气就比画比画。光说不练有什么用！""小兄弟，这射箭的本领我可没有，不过让我倒油给你们看看。""倒油，这还用得着你这个老头来表演吗？倒油谁不会？别开玩笑啊！""你们还是看了再说吧。"

老翁说完，就拿了一个葫芦放在地上，又在葫芦口上面放了一枚有孔的铜钱。然后舀了一勺油，眼睛看准了，油勺轻轻一歪，那些油就像一条细细的黄线，笔直的从钱孔流入葫芦里。倒完之后，油一点儿也没沾到铜钱。

老翁很谦虚的对陈尧咨说："这也是一种平常的技术罢了，也就是熟能生巧的道理啊！"陈尧咨听了十分惭愧，从此更加努力的练习射箭，再也不夸耀自己的箭术。后来他的人品和箭术一样好。

释读

这个成语说明不管做什么事情，只要勤学苦练掌握规律，就能找出许多窍门，干起来得心应手。

班门弄斧

出处

唐·柳宗元《王氏伯仲唱和诗序》："操斧于班、郢之门，斯强颜耳。"

典故

鲁班，姓公输名般，是春秋战国时鲁国的能工巧匠。直到现在，人们还都说，鲁班是木匠的祖师爷。当时还有一个工匠，名字叫石，人们叫他"匠石"，是楚国都郢都地方的人，他的本事和鲁班分不出高低。庄子在《徐无鬼》这一篇里讲过一个故事。据说这个匠石有一个好朋友，两个人常常一起配合表演。这个朋友在鼻尖上薄薄地涂上一层白灰，这匠石手中拿着斧子，瞅准了鼻子尖刷的一下子，就用斧子把鼻子尖上的白灰一下子给扫掉了，而鼻子尖上的皮一点都没蹭到。可见他的本领有多大了。所以后来柳宗元就说，假如有人“操斧于班、郢之门”，拿着斧子敢在鲁班和郢都的匠石面前耍弄，那就有点儿“强颜”了，也就是不要脸了。

后来，明朝有一个叫梅之焕的诗人。他四处游玩，一天来到了采石 (今安徽当涂县境)。这里据说是唐代大诗人李白酒醉后团探身捉月以致堕江而没的地方，而且李白的墓也在此。所以有很多诗人来这里凭吊他。这一天，在李白墓前，梅之焕发现有许多人在此题的诗，不少都是胡诌乱题，连意思都不对，纯粹是附庸风雅。梅之焕觉得挺可笑，回去之后，便也写了一首诗：

采石江边一杯土，
李白之名高千古。
来来往往一首诗，
鲁班门前弄大斧。

梅之焕的意思是说，那么多人来拜谒李白的墓，来来往往，都写一首诗题在上面，也不想想，在李白的墓前题诗，那不就好比在鲁班门前耍斧子一样不知好歹，也不怕人家笑话吗？

成语“班门弄斧”有时也用作自谦之词，表示自己不敢在行家面前卖弄本领。

释读

在鲁班门前舞弄斧子，比喻在行家面前卖弄本领，不自量力。班：鲁班，古代著名木匠。

半途而废

出处

战国·子思《中庸》："君子遵道而行，半途而废，吾弗能已矣。"

典故

东汉时，河南郡有一位非常贤惠的女子，人们都不知她叫什么名字，只知道是乐羊子的妻子。

一天，乐羊子在路上拾到一块金子，回家后，他把它交给了妻子。妻子问清楚金子的来历后，语重心长地对乐羊子说："我听说，有志向的人不喝盗泉的水，因为它的名字令人厌恶；廉洁的人不吃别人施舍而来的食物，宁可饿死。更何况拾取别人失去的东西，这样会玷污自身的品行。"听了妻子合情入理的话，乐羊子非常惭愧，就把那块金子扔到野外，然后到远方去寻师求学。

一年后，乐羊子归来。妻子跪着问他为何回家。乐羊子回答说：“出门时间长了，很想家，没有其他缘故。”

妻子听罢，操起一把刀，走到织布机前，意味深长地对自己的夫君乐羊子说：“这机上织的绢帛，产自蚕茧，成于织机。一根丝一根丝地积累起来，才有一寸长；一寸一寸地积累下去，才有一丈乃至一匹。今天如果我用刀将它割断，就会前功尽弃，以前花的时间也就白白浪费掉了。”

妻子接着说：“读书也是这样。你在外地求学，积累学问，应该每天获得新的知识，天天向上，从而使自己的品行日益完美。现在你学未有成，就这样急急忙忙地跑了回来，只因为你觉得出门的时间长了。学习如果这样半途而废，和妻子我织布的时候割断织丝有什么两样呢？那不就等于前功尽弃了吗!”

乐羊子被妻子说的话深深感动，觉得自己的妻子不仅勤劳贤惠，而且比自己更识大体。于是乐羊子又去完成学业，一连七年没有回过家。当他终于回家的时候，妻子高高兴兴地迎接学成归来的丈夫。后来，乐羊子得到了魏文侯的重用。

释读

半路上停下来不再前进。比喻中途停止，不坚持到底。废：停止。

不求甚解

出处

东晋·陶渊明《五柳先生传》：“好读书，不求甚解，每有会意，便欣然忘食。”

典故

陶渊明是东晋著名诗人和文学家。他自小家境清贫，成年后曾经做过参军、县令等小官，他几次都因为不满官场的腐败和黑暗而辞官回家。他不贪求富贵荣华，乐于过安静闲适的田园生活。

陶渊明最后一次所任官职是“彭泽县县令”（彭泽县故址在今江西湖口县东）。他四十一岁那年，有一次，上级“郡”里的“督邮”到县里来。按例，县令对郡官应当隆重迎接，但是陶渊明不愿意。他说：“我不能为五斗米向一个庸俗的小人折腰!”即日辞职回家，并写了著名的《归去来辞》，表达对黑暗的官场生活的厌弃和对农村田园生活的热爱。此后，他就再也没做什么官了。陶渊明有“刑天舞干戚，猛志固常在”的怒目圆睁的一面，也有“采菊东篱下，悠然见南山”的柔和淡然的一面。他参加劳动，投入田园生活，成了为人称道的“田园诗人”。当时人们说陶渊明和妻子翟氏“夫耕于前，妻锄于后”，真是一对志同道合的好夫妻。“耕前锄后”成了形容夫妻感情融洽、共同劳作的成语。

陶渊明在耕作之余，勤奋读书，静静写诗。《五柳先生传》是陶渊明写的小自传。因为屋子旁边有五株柳树，陶渊明就自号“五柳先生”。在这篇小自传中，陶渊明用盛情的笔调描绘五柳先生的读书态度和方法：“好读书，不求甚解，每有会意，便欣然忘食。”

什么叫做“不求甚解”呢？陶渊明在这里的意思是反对死抠、钻牛角尖，不用咬文嚼字，读书重在精神上的领会。可是后来的人们对于“不求甚解”只取字面上的意思，用来描述读书很不认真和不求深刻理解，渐渐地，又用来形容工作和学习中不研究、不调查，马虎从事。

释读

本义指读书重在领会，不求逐字逐句费心研究。现在多指马虎从事，不求深入理解。甚：很，极。

不遗余力

出处

西汉·刘向《战国策》："王曰：'秦之攻我也，不遗余力矣，必以倦而归也。"'

典故

战国时，秦国发兵攻打赵国，赵国迎战于山西长平。当时，赵军抵挡不住，赵王便把大臣虞卿和楼昌召来，问道："我想集中全部兵力去狠拼，怎样？"楼昌说："不如派个特使到秦国去求和吧。"虞卿说："主张求和的人总是强调'不求和，军必破'。在大王看来，秦军会不会破我赵军呢？"赵王说："秦不遗余力，定会破赵军。"

虞卿说："大王，您听我的，派使者带着厚礼到楚、魏等国去。楚、魏等国贪得厚礼，必然接见。一接见，秦国必定以为我们在同各国搞联盟去对付他。在那样的情况下去讲和，对我们才有利。”

赵王并未听从虞卿的建议，他派郑朱为特使，到秦国去求和。虞卿对赵王说：“大王，求和一定不成，赵军一定会被破，胜利一定在秦国。郑朱是闻名的高贵人物，他一到秦国，秦国必定大事张扬。楚、魏等国看到这样的形势， 必定不会来救援。到时我们再求和，秦国就不肯轻易答应了。”

果然，秦国趁机猛攻，把赵都邯郸包围了。各国不但不来救援，反而都暗暗讥笑。秦国见目的已达到，就宣布撤军，但是要求赵国割让六座城池，方可讲和。赵王准备接受条件。虞卿则竭力反对，他说道：“大王，秦国撤军，您认为他们是用尽了全力，疲倦而归呢，还是留有余力，足以继续进攻，只不过出于爱护您，所以不愿进攻了呢?”赵王答说：“那一定是不遗余力喽，他们必定是疲倦而归的。”于是，虞卿说：“秦国用尽全力也没有捞到什么，只落得疲倦而归。现在，大王把他们全力攻取也得不到的城池，乖乖地奉上，岂不是等于帮助秦国攻打我们自己？这样，如果秦军再来进攻，我们就更危险了!”接着，他提出了对付秦国的一系列具体方法。赵王听了，决定依计而行。

释读

形容用尽全部力量，一点也不保留。遗：留。力：没有使完的力量。

沧海桑田

出处

东晋·葛洪《神仙传》：“麻姑自说云，‘接待以来，已见东海三为桑田。”

典故

传说汉孝桓帝时，仙人王远和麻姑相约到蔡经家去饮酒。

到了约定的那天，王远在一批乘坐麒麟的吹鼓手和侍从的簇拥下，坐在五条龙拉的车上，前往蔡经家。但见他戴着远游的帽子，挂着彩色的绶带，佩着虎头形的箭袋，显得威风凛凛。王远一行降落在蔡经家的庭院里后，簇拥他的那些人一会儿全部隐没了。接着，王远和蔡家的成员互相致意，然后独自坐在那里等候麻姑的到来。

王远等了好久还不见麻姑来，便朝空中招了招手，吩咐使者去请她。蔡经家人谁也不知道麻姑是天上哪位仙女，便翘首以待。过了一会儿，使者在空中向王远禀报说："麻姑命我先向您致意，她说已有五百多年没有见到先生了。此刻，她正奉命巡视蓬莱仙岛，稍待片刻，就会来和先生见面的。"王远微微点头，耐心地等着。

没多久，麻姑从空中降落下来了。她的随从人员只及王远的一半。蔡经家的人这才见到，麻姑看上去似人间十八九岁的漂亮姑娘。她蓄着长到腰间的秀发，衣服上绣着美丽的花纹，光彩耀目。大家目不转睛地看着眼前这位从天而降的美丽动人的女子，不知如何用言语来表达内心的惊诧和欣赏。

麻姑和王远互相行过礼后，王远就吩咐开宴。席上的用具全是用金和玉制成的，珍贵而又精巧；里面盛放的菜肴，大多是奇花异果，香气扑鼻。所有这些，也是蔡经家的人从未见到过的。席间，麻姑对王远说："自从得了道并接受天命以来，我已经亲眼见到东海三次变成桑田。刚才到蓬莱，又看到海水比以前大概浅了一半，难道它又要变成陆地了吗？"

王远笑叹道："是啊，圣人们都说，大海的水在下降。不久，走过东海的时候，那里又将扬起尘土了。"

宴饮毕，王远、麻姑各自召来车驾，升天而去。

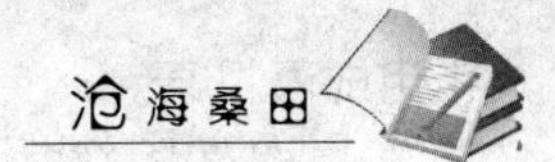

释读

大海变成农田，农田变成大海。形容世事变化很大。沧海：水深而呈青绿色的海。桑田：农田。

草菅人命

出处

东汉·班固《汉书·贾谊传》："故胡亥今日即位而明日射人……其视杀人，若刈草菅然。"

典故

秦朝的赵高在做秦二世胡亥的老师时，教他如何用酷刑杀人灭族。胡亥即位后，果真滥杀无辜。他杀戮其他公子、公主，处死将领蒙恬、蒙毅，腰斩丞相李斯，活埋修秦始皇陵墓的民工。

在西汉的著名文人贾谊看来，胡亥"其视杀人，若刈草菅然"，并不仅仅由于胡亥天性凶残，更直接的原因是，他的老师赵高一开始就教导有误，没有引导他走上正道，埋下了恶果。在赵高教胡亥严刑酷狱时，胡亥所学的不是砍头割鼻子，就是抄斩三族。结果，胡亥一即位当皇帝就乱杀人，把杀人看做是割草一样。最终，秦二世的凶残激起普遍的民愤，导致了亡秦之声越呼越高，秦朝只到了二世就迎来了被灭亡的命运。秦始皇自称“始皇帝”，当初还以为可以千秋万世呢。

贾谊是洛阳人，汉文帝 (刘恒) 时的文学家。因年少有才，人称“贾生”。汉文帝曾聘他为博士，他还担任过太中大夫的官职。因遭人妒忌和诋毁，他被调往长沙，当长沙王的太傅。后来，汉文帝想起贾谊毕竟是个有才学的人，便召他回京，任命他为梁怀王的太傅。

梁怀王是汉文帝的小儿子，名刘揖。汉文帝特别宠爱这个小儿子，要让他多读些书，准备将来传帝位给他，所以让贾谊来教导他。贾谊就论述了胡亥为何会草菅人命这个问题，意在告诉汉文帝，教导皇子，不仅要教他读书，更重要的，是要教他做人。

梁怀王后来坠马而死，贾谊感到深深地歉疚，三十三岁时忧伤而死。

释读

把人命看做野草一般。指轻视人命，任意杀戮。菅：一种野草。

差强人意

出处

南朝·宋·范晔《后汉书·吴汉传》：“（刘秀）乃叹曰：‘吴公差强人意，隐若一敌国矣。’”

典故

王莽末年，刘秀（即后来的汉光武帝）的部下中有一个将军，名叫吴汉，字子颜，南阳（今属河南）人。他为人耿直，不爱说话。他曾因宾客犯法而逃亡，以贩马为业。吴汉的父亲本是汉朝的臣子，因与刘秀计谋行刺王莽事败而身亡。此事王莽并不知情，他只是看到吴汉有勇有谋，就把女儿王兰英嫁给他。后来，吴汉在潼关活捉刘秀。这本是大功一件，可是，吴汉的母亲一听刘秀是刘邦的后代，且准备起兵反王莽，立刻让儿子将媳妇王兰英处死，跟刘秀一起造反。吴汉听从了母亲的话，跟从了刘秀。

起先，刘秀并不怎么重视吴汉，后来，其他的一些将军时常称赞吴汉勇敢，这才逐渐引起刘秀的注意，并拜他为偏将军，不久，升任大将军。

吴汉不但勇敢，而且对刘秀非常忠心。他出生入死，率领骑兵作战，替刘秀卖命，帮助刘秀打下了东汉的天下。刘秀称帝后，拜吴汉为大司马，并封他为广平侯。

每次出征行军，吴汉总是伴随刘秀，不离左右。夜间宿营，只要刘秀没睡，他也就恭敬地侍立一旁，不肯先去睡觉。有时打了败仗，将士们垂头丧气，心慌意乱，而吴汉总是鼓励大家，叫大家不要悲观，应当振作精神，准备再战。

一次吃了败仗后，将士们惶惶不安，大家都灰溜溜的，情绪低落。觉得以后再也不可能打胜仗了，一个个都失去了原来的斗志和一往无前的决心。而此时的吴汉呢，一点颓丧的影子也没有。他认为，尽管暂时失利，吃了败仗，那也不代表什么，重要的是总结失败的教训，认清敌人的强大，分析敌人的弱点，同时有针对性地加强自己军队的战斗力，克服自己的不利因素，下次一定可以挽回局势。他始终保持着意气风发的精神状态，整修武器，激励士气。他想，输了一场战役并没什么关系，如果为此输了斗志和信心，那就真的无可挽回了。刘秀见吴汉不在身边，担心吴汉也一蹶不振，就派人去看看他在干什么。去的人回来禀报说，大司马斗志昂扬，正在检查刀枪，整修武器，激励士气。刘秀听了，又感动又赞叹地说：“吴公差强人意!”意思是说，吴汉的所作所为不错，很振奋人心。

释读

指某人或某事还不错，还算能振奋人心，后指尚能令人满意。差：尚、略。

出类拔萃

出处

战国·孟子《孟子·公孙丑上》："出乎其类，拔乎其萃，自生民以来，未有盛于孔子也。"

典故

孟子是战国时期伟大的思想家、教育家，是孔子儒家学说的继承人。孟子远祖是鲁国贵族孟孙氏，后家道衰微，从鲁国迁居邹国。孟子三岁丧父，孟母艰辛地将他抚养成人。孟母管束甚严，"孟母三迁"、"孟母断织"等故事成为千古美谈，是后世母教之典范。孟子师承孔子，继承并发扬了孔子的思想，成为仅次于孔子的一代儒家宗师，有"亚圣"之称，与孔子并称为"孔孟"。孟子曾仿效孔子，带领门徒游说各国。但他不被当时各国所接受，于是退隐讲学，和他的学生一起，“序《诗》、《书》，述仲尼之意，作《孟子》七篇”。

在孟子的心目中，孔子是他崇拜的偶像，是一个超人的天才，对后世影响深远。他在世时已被誉为“天纵之圣”、“天之木铎”、“千古圣人”，是当时社会上最博学者之一，并且被后世尊称为“至圣（圣人之中的圣人)”。

有一次，孟子的学生公孙丑问他道：“先生，您已经是一位圣人了吧?”

孟子回答：“连孔子都不敢以圣人自居，我又怎么能算是圣人呢!”

公孙丑就列举了几个以贤德著称的人，接着问孟子：“孔子与古代的圣人有什么不同呢?”

孟子就借用了孔子的学生有若的话回答说：“麒麟和一般走兽，是同类；凤凰和其他飞鸟，是同类；泰山和小土丘，是同类；河海和小水洼，是同类；圣人和老百姓，也是同类，都是人。但是，麒麟、凤凰、泰山、河海和圣人，是‘出乎其类，拔乎其萃’，各自都远远超出同类。所以自有人类以来，无人能及孔子。”

释读

多用于形容人的才能或品德出众。有时也用于形容事物。出、拔：超出。萃：草丛的样子，引申为聚集。

大相径庭

出处

战国·庄子《庄子·逍遥游》：“吾惊怖其言，犹河汉而无极也；大有径庭，不近人情焉。”

典故

传说春秋时，楚国有一位著名的隐士，姓陆，名通，字接舆。他“躬耕以食”，因对当时的社会不满，剪去头发，佯狂不仕，当时被称为“楚狂接舆”。他曾迎孔子之车而歌，并拒绝和孔子交谈。孔子去楚国，楚狂接舆游其门曰：“凤兮凤兮，何德之衰？往者不可谏，来者犹可追！已而！已而！今之从政者殆而！”这就是“接舆歌凤”的典故的由来，在《论语·微子》里有所记载，在《庄子·人间世》中亦有类似记载。唐代诗人李白有“我本楚狂人，凤歌笑孔丘”之句。

有一天，肩吾和连叔（都是古代神话中的人物）在一块儿闲谈。

肩吾对连叔说：“最近，我听了楚国狂人接舆的一番言论，觉得他的话夸大而无根据，而且越说越离奇，就像天上的银河一样没有边际，与人之常情‘大有径庭’。”

连叔就问：“他都说了些什么呀？”

肩吾说：“接舆说，在遥远的姑射山上，住着一位神仙。他不食五谷杂粮，只吸清风，饮露水，肌肤如冰雪，整天乘龙驾雾，在四海之外遨游。他还能使宇宙万物按规律正常发展，使农作物得以成熟、丰收。我认为，这些话狂妄而大不可信。”

这个故事出现在《庄子·逍遥游》中。成语“大相径庭”就由“大有径庭”演化而来。庄子的文章，想象力丰富，文笔变化多端，具有浓厚的浪漫主义色彩，并采用寓言故事形式，富有幽默讽刺的意味。这个楚狂接舆的故事，也恰如其分地展现了庄子本人的风采。

释读

跟门外小路和庭院之间一样相去很远，非常不一样。形容两件事相差很远或截然不同。径：门外的路。庭：堂前的地。

得意忘形

出处

唐·房玄龄等《晋书·阮籍传》：“嗜酒能啸，善弹琴，当其得意，忽忘形骸。”

典故

魏晋时的名士阮籍，是著名的“竹林七贤”之一。他学识广博，尤其喜欢老庄哲学，为人豪放不羁。他不满晋朝的统治者，却无能为力，便把抑郁和愤慨寄托在饮酒作诗的生活里。他的《咏怀诗》八十二首是非常有名的。

据说阮籍能做“青白眼”。“青眼”就是黑眼，双眼正视，眼球里黑的多；而两眼斜视，眼球里白的多，就是“白眼”。对不喜欢的人，阮籍就用白眼看。《晋书·阮籍传》说，阮籍的母亲去世时，嵇康的哥哥嵇喜去吊丧，阮籍就是给的“白眼”；随后嵇康带着酒和琴去，阮籍就换了“青眼”。由于这个故事；后来就产生了“垂青”、“青盼”等词，表示请求或感谢别人瞧得起的意思。同时，形容轻视就叫“白眼”，例如“遭人白眼”。

“竹林七贤”当中，阮籍最是疯疯癫癫，哭笑无常。他有时在家读书，数月不出门；有时外出游玩，数日不回家。他好喝酒，能长啸，善弹琴。他会任马车奔行在山间，在路的尽头放声痛哭。《晋书·阮籍传》说：阮籍“嗜酒能啸，善弹琴，当其得意，忽忘形骸”。

有一次，阮籍赶着牛车，载着酒坛，到苏门山去拜访世外高人孙登。他将车子停在半山腰，独自攀援上山，孙登与之寒暄之后，对面落座。阮籍向孙登请教了一些历史和哲学问题，而孙登只闭目养神，不理不睬。阮籍自觉没趣，就施展了善于长啸的特技，啸曲的意境为群山迤逦，草木青青，清风习习，猿啸鸟鸣，孙登于是展颜微笑；再啸一段竹林簌簌，溪水淙淙，渔歌唱晚，樵夫呼应，孙登已安然入睡，发出细微的鼾声。阮籍有些失望，悄然退出。当他下到山腰时，山顶忽然传来阵阵仙乐，由低渐高，由缓趋急，缭绕回环，变幻万千，如琴如箫，如凤如鸾。阮籍仔细聆听，原来是孙登用长啸之技，通过不同的乐曲在逐一回答自己所提的问题。阮籍心花怒放，捧起酒来，狂饮半坛，操琴演奏，高歌长吟，继而手舞足蹈起

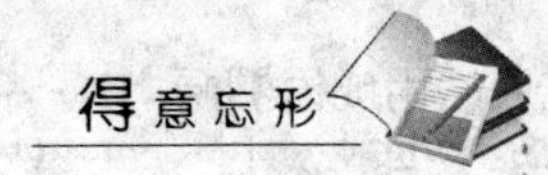

来，得意得完全忘了自身的存在。

释读

形容高兴得失去常态，一般用来讥讽过分得意的狂妄状态。得意：高兴，称心如意。

尔虞我诈

出处

春秋·左丘明《左传·宣公十五年》:“‘我无尔诈,尔无我虞。’”

典故

春秋时,楚庄王派申舟出使齐国。从楚国到齐国,要经过宋国,申舟认为按理应事先通知宋国。可是楚庄王自恃是大国,不把宋国放在眼里,说:“用不着,只管过去就是!”申舟估计到这样一来,必定会触怒宋国,说不定因此而被杀死。但庄王坚持要他这样做,并向他保证,如果他被宋国杀死,自己将出兵讨伐宋国,为他报仇。申舟没有办法,只好将儿子申犀托付给庄王,然后出发了。不出申舟所料,他经过宋国时因没有借路而被抓住。宋国的执政大夫华元了解情况后，对庄王如此无礼感到非常气愤，他对宋文公说："经过我们宋国而不通知我们，这是把宋国当做属国看待。当属国等于亡国。如果杀掉楚国使者，楚国来讨伐我们，也不过是亡国。与其如此，倒不如把楚使杀掉！"宋文公同意华元的看法，下令将申舟杀了。

华元本来就和申舟有点宿怨，便立即把申舟抓起来杀了。消息传来，楚庄王气得连鞋子也来不及穿，宝剑也没时间佩戴，便下令讨伐宋国。

楚宋双方作战，久久相持不下。这时，宋国派大夫乐婴齐去晋国，请求晋国援助。晋景公倒是愿意出兵援宋，但是大夫伯宗却不敢得罪强大的楚国，他对晋景公说："古话说：'虽鞭之长，不及马腹'，我们哪里管得着楚国的事儿？"晋景公觉得不援助宋国会被耻笑，伯宗回答："江河容纳污浊的东西，山林让毒蛇猛兽躲藏，美玉会有瑕疵，国君容忍一时的屈辱，这些是自然的道理。您且等着吧！"晋景公最终没有出兵援宋。

楚国和宋国交战一年多，胜负难分。楚国攻不下宋国，骑虎难下。宋国虽小，又无外援，但是军民团结，抵抗坚决。不过城内粮食物资的供应，也到了万分困难的地步。

一天夜里，宋国的华元潜入楚军主将子反的营帐。子反正在睡觉，华元一把把他揪起来，将匕首架到他的脖子上，逼他应允退兵。子反吓坏了，连忙表示同意，并接受了停战谈判的建议。后来，两国还订立了盟约，写有这句话：“我无尔诈，尔无我虞。”就是说，我不欺骗你，你不欺骗我，双方互不侵犯。“尔虞我诈”就由此演变而来。

释读

你防备我，我欺骗你，大家相互使诈。形容玩弄手腕，互相欺骗，互相猜疑。虞：猜疑，防备。

分道扬镳

出处

北齐·魏收《魏书·河间公齐传》：“洛阳，我之丰、沛，自应分路扬镳。自今以后，可分路而行。”

典故

南北朝时代的北魏，国都原在平城（今山西大同东），魏孝文帝时迁都洛阳。据《北史》载，洛阳令即京兆尹元志，曾同御史中尉李彪发生过一桩有趣的争路纠纷。

元志仗着自己有些才能，相当骄傲，对某些学问不高的达官贵人，往往表示不屑。有一天，他坐着车子在大街上转，恰巧遇见李彪的车子迎面而来。那时，官员出门总是前呼后拥的。老百姓在街上遇见的话，老远就得回避。官职低的官，得让官职高的先走。如遇官职相仿的，客气些的也就让道了。论官职，元志是应该让李彪的，可是，他瞧不起李彪，偏偏不想让。李彪很生气，当场训斥元志。元志不服，两人争吵了起来。

元志和李彪到孝文帝面前去评理。李彪说，他是御史中尉，洛阳的一个地方官怎能不给他让道？元志说，他是国都所在地的长官，住在洛阳的人都编在他主管的户籍里，他怎可同普通的地方官一样给御史中尉让道呢？

孝文帝听了，不愿意评判孰是孰非，于是笑道：“洛阳是寡人的京城，应该分路扬镳。从今以后，你们可以分开走，各走各的不就得了吗？”

“分路扬镳”，后来多说做“分道扬镳”，比喻志趣不同，目的不同，彼此走的不是一条道。

释读

分走不同的路。比喻人们各自发挥和施展自己的聪明才智。也比喻因志趣、目标不同而各走各的路。道：路。镳：马嚼子，借指为马。扬镳：驱马向前。

汗马功劳

出处

战国·韩非《韩非子·五蠹》："弃私家之事，而必汗马之劳，家困而上论，则穷矣。"

典故

古时作战多用马。战马疾驰疆场，冲锋陷阵，每次都要出很多汗。战斗次数越多，战况越激烈，马出汗也越多。因此，形容有战功就叫"汗马"。

《史记·晋世家》叙述春秋时晋文公的一段故事时，有"汗马之劳"的说法。晋国公子重耳曾流亡国外达十九年之久，到了回国即位为晋文公时，对随从他流亡的人员，一一论功行赏。介之推不求赏赐，躲到深山里隐居起来。而另一个叫壶叔的臣子，见三次行赏都没有自己的份儿，便对晋文公说："君行三赏，赏不及臣，敢请罪！"晋文公当即把行赏的标准向他说明："夫导我以仁义，防我以德惠，以受上赏；辅我以行，卒以成立，此受次赏；矢石之难，汗马之劳，此复受次赏；若以力事我而无补我缺者，此复受次赏。三赏之后，故且及子。"

《史记·萧相国世家》和《汉书·萧何传》也有一段有关"汗马之劳"的故事。

萧何是汉高祖刘邦的老乡。刘邦起兵反秦，萧何始终帮着他，出谋划策，忠心耿耿。可以说，萧何是刘邦最可靠的得力助手之一。秦亡以后，刘邦又打败了项羽，建立汉朝，做了皇帝，萧何担任相国。刘邦认为，论功劳，萧何应排第一，所以首先封他为酂侯（酂，县名，今湖北光化县），食邑八千户。

可是，这下子其余功臣都有意见了。他们不平地说："我们出生入死，多的打过百余仗，少的也打过几十仗，而萧何未有汗马之劳，只会耍笔杆子发发议论，根本没上过战场，他的封赏却在我们之上。这是什么道理？"刘邦问道："你们知道打猎的事吧？知道猎狗吧？"大家应声说知道。刘邦于是接着说："打猎的时候，追杀野兽的是狗，而指示野兽的住处、去向让狗去追杀的，却是人，你们，会追杀，不过是'功狗'而已；至于萧何，能'发踪指示'，他才是'功人'。而且，你们多数是只身跟随我，有同族两三人一起入伍就算难得了，可是萧何呢，他叫全家族的几十个男子都入了伍，跟着我一起出

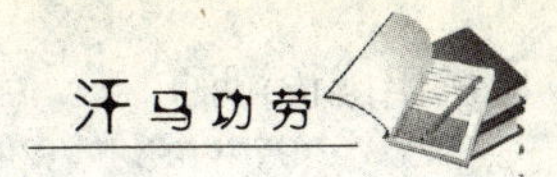

力。他的功劳，难道还不够大?”大家听了，都不再吭声了。

释读

原指立下战功。现在形容辛辛苦苦立下大功，已不限于军事方面。汗马：将士骑马作战，马奔跑出汗。

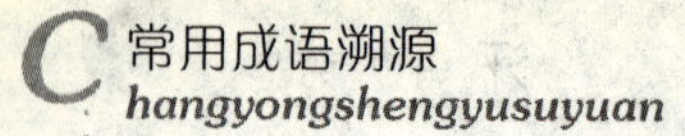

画饼充饥

出处

南朝·宋·范晔《后汉书·卢毓传》：“‘选举莫取有名，名如画地作饼，不可啖也！’”

典故

三国时期，曹魏有一位大臣名叫卢毓，他学识渊博，清正廉洁，深得魏帝信任和百姓敬重。

卢毓十岁时父母双亡，家乡又接连发生动乱，两个兄长相继死去。卢毓历尽艰辛，供养寡嫂和侄儿，同时不忘勤勉读书。建安末年，曹丕为五官中郎将时，将其招致麾下，后来卢毓得到尚书崔琰的举荐，做了冀州主簿。

魏国建立后，魏文帝曹丕把卢毓派往梁、谯二郡当太守。

谯郡是曹氏的故乡，魏文帝特地迁移大批百姓前往屯田，希望这里兴旺起来。可是这个地方土地贫瘠，百姓来后虽然辛勤劳作，仍很贫困。于是，卢毓就上表朝廷，希望将百姓迁到土地肥沃的梁国。听了这一奏折，魏文帝很不高兴，但仍采用了这一主张，将卢毓降职，让他带领百姓继续迁移。

后来，魏文帝曹丕病逝，长子曹睿继位，是为魏明帝。卢毓接着被召入京都洛阳，担任侍中一职。在职三年，他心平体正，尤其具有识人之能，深得明帝信任，又被提升为吏部尚书，负责官吏任免、升降、调动的事务。

后来朝廷想选拔中书郎，有人推荐在当时很有名气的诸葛诞等人，魏明帝不予采纳，将此事交给卢毓来办，并下诏：“选拔人才不要单凭他的名声，名声就像画在地上的饼，是不能吃的！”

卢毓回答明帝：靠名声是不能选拔出才干卓越的人的，但可以发现一般的人才。一个人有无名气，往往也能反映出他在修养、德行方面的情况，因此对有名气的人也不要嫌弃他们。要选拔具有真才实学、品行良好的人，必须进行考核，以辨真伪虚实。魏明帝采纳了卢毓的这一意见，下令推行考课法。

释读

画饼来填肚子。比喻不切实际，用空想来解决问题。也比喻徒有虚名，无补于实用。

机不可失

出处

五代·安重荣《上石敬瑭表》："须知机不可失，时不再来。"

典故

成语"机不可失"有两个典故，一个出自五代时的安重荣，一个出自唐代的李靖。

安重荣是五代时的朔州人。他力大无比，擅长骑马射箭，行军打仗更是行家。后晋高祖石敬瑭在太原起兵的时候，身为振武道巡边指挥使的安重荣带了一千多骑兵去投靠了石敬瑭。后来，石敬瑭当了皇帝，论功行赏，封他为成德军节度使。

石敬瑭之所以能够称帝，这和契丹给予的军事上的援助是分不开的。石敬瑭称帝之后，也遵守了当初的诺言，割让了幽蓟十六州给契丹，承诺每年给契丹布帛三十万匹。石敬瑭对契丹极为恭谨，几乎到了奴颜婢膝的地步，每次书信皆用表，还自称“儿皇帝”。

对石敬瑭苟且偷安的行为，安重荣感到十分愤慨，他曾说过：“以中国之尊去侍奉夷狄，搜括已经很穷的老百姓，去填契丹人贪得无厌的欲望，真是我们永远的耻辱！”他收容从契丹那里逃出来的吐浑部落。契丹使者经过他的地方时，安重荣总是态度傲慢地骂他们，不以礼相待，甚至还杀了他们；契丹派人去责问石敬瑭，要求归还使者，石敬瑭对契丹人赔礼道歉，好话说尽，可就是不能拿安重荣怎么样。

有一次，契丹使者拽刺经过安重荣镇守的镇州，又受到安重荣的一番侮辱。拽刺骂他，安重荣大怒，把拽刺关了起来，出兵到幽州南部，把那里的人劫持过来，又给石敬瑭上奏折，批评石敬瑭对契丹的态度太软弱，劝他攻打契丹，说：“须知机不可失，时不再来。”这份奏折就是《上石敬瑭表》。

到了唐初，我国北部居住着另一个强大的部落东突厥，首领颉利可汗仗着强大的骑兵部队，背叛唐朝，并连年出兵骚扰唐北部边境，给北部人民带来极大痛苦，也严重威胁着长安的安全。于是，唐太宗派大将李靖带兵十余万人分六路征讨东突厥。颉利可汗连吃败仗，退保铁山，派人向太宗请罪求和。唐太宗知道颉利可汗不是真心投降，只以此为手段取得喘息机会，因此一边假意应允议和，一边派人到东突厥军营抚慰。李靖对此心领神会，请副将前来商量一举消灭颉利可汗军队的办法。副将说："皇上应允讲和，并派使臣去抚慰，我们该怎么办呢？"李靖说："兵贵神速，机不可失。"李靖亲率骑兵一万人，远道奔袭，大破突厥，生擒颉利可汗。边境遂平。

释读

指机会不可错过。机：时机。失：丧失，失掉。

鸡鸣狗盗

出处

西汉·司马迁《史记·孟尝君列传》：“……有能为狗盗者，曰：‘臣能得狐白裘。’乃夜为狗，以入秦宫臧中，取所献狐白裘至，以献秦王幸姬。……孟尝君恐追至，客之居下坐者有能为鸡鸣，而鸡齐鸣，遂发传出。”

典故

战国时，齐国的大贵族田文，即孟尝君，是有名的战国四公子之一，曾为齐国国相，声名远播。他号称“食客三千”。这么多门客当中，有不少人颇有才学，他们为主人出谋划策，尽力效劳。

有一次，秦昭王邀请孟尝君访问秦都咸阳。秦国的国相很

妒忌他，劝秦王杀了他，免得他了解了秦国的情况后对秦国不利。于是秦王命人把孟尝君囚禁了起来。孟尝君很是着急，赶紧托人去向秦王的宠妃燕姬求救。燕姬提出条件，要孟尝君送她一件贵重的白狐裘。可是，孟尝君仅有的一件白狐裘，已经送给秦王了，这可怎么办呢?这时，门客中有一个善于偷东西的人，像狗一般机灵，他趁黑夜潜入秦宫，偷出了那件白狐裘。燕姬得到了这么贵重的礼物，于是向秦王说情，秦王果然答应放走孟尝君，让他带着随从回国去。

孟尝君预料秦王很快会后悔，于是立刻动身逃走。一行人逃到函谷关，正是半夜；按规定，关门在每天清晨鸡鸣以后才能打开通行。这时，门客中有一个善于模仿鸡鸣的人，他“喔喔”地叫了几声，引得附近村庄中的鸡都纷纷鸣叫起来。守门的人一听，噢，天亮了，便打开关门，让他们通行。等到秦王派兵追来时，孟尝君等人已经离境很远了。

故事中的两个门客，一个学狗盗，一个仿鸡鸣，用了这么卑贱的伎俩，使孟尝君得以逃命。他们两个刚来当门客的时候，其余的门客看他们既没有高深的学问，也没有翩翩的风度，所以非常瞧不起他们。经过了这次秦国的风云后，这两个只不过略有小技的门客，再也不会惹来白眼和轻视了。但是这次狼狈的逃脱，不免让本来尊贵的孟尝君时常受后人讥笑。

后人把并不高超的小小技能称为“鸡鸣狗盗”；形容没有

真才实学，只有些许卑贱小技的人，为“鸡鸣狗盗之徒”。

释读

装鸡叫骗人，装狗叫行窃。形容卑贱的小伎俩。

集思广益

出处

三国·诸葛亮《教与军师长史参军掾属》："夫参署者，集众思、广忠益也。若远小嫌，难相违复，旷阙损矣！"

典故

东汉末年，天下分裂。一番历史的纷纭变幻后，曹操的儿子曹丕废去汉献帝，改国号为魏，自己做了皇帝，即魏文帝。而刘备也宣告登基，即历史上所称蜀汉的"先主"。刘备以诸葛亮为丞相，定都成都。于是，连同长江中下游一带（或所谓江东）的东吴，魏、蜀、吴三国鼎立的局面正式出现了。

刘备去世后，刘备的儿子刘禅袭位为"后主"。诸葛亮继续任丞相，并受封为武乡侯，蜀国的一切军政大权，都操在他的手里。诸葛亮是一贯主张联吴伐魏的。这时他一面和东吴结好，一面南征孟获，平定南中诸郡，以消除后顾之忧，然后充实军备，练兵习武，积极准备北伐魏国。出兵的时候，他曾上表后主，力劝其听信忠言，任用贤臣，这就是《前出师表》。可是，这次北伐没有完成，他就率军暂时退回蜀国。过了一段时间，诸葛亮又发动了北伐。当时蜀国官员中，颇有反对兴师动众的。诸葛亮因此又上一表，分析局势，说明蜀汉与曹魏势不两立，必须北伐，这就是《后出师表》。诸葛亮在两篇出师表中所表现的忠贞气节和“鞠躬尽瘁，死而后已”的精神，为人千古传颂。

为培养良好的参政态度和作风，诸葛亮给同僚和部下写了一封公开信，题为“教与军师长史参军掾属”。在信中，他倡导在参与政事时，人人踊跃提出自己的想法，扩大工作的效能，鼓励大家仿效徐元直的耿直、董幼宰的诚恳，这样国家就能大大受益，而诸葛亮自己也会少犯些过错了。

释读

集中众人的想法，广泛吸取有益的意见。指发挥群众的智慧共同搞好工作。集：聚集。广：增广。

见利忘义

出处

东汉·班固《汉书·樊郦滕灌靳周传》：“夫卖友者，谓见利而忘义也。”

典故

汉高祖时的右丞相郦商曾同刘邦在高阳一同起兵。他看刘邦很有才干，便将自己手下四千兵马交给刘邦统率，自己却去冲锋陷阵，并屡建战功。

汉高祖刘邦死后，皇权落在吕后手中。吕后野心很大，她让吕氏家族来执掌天下，封自己的侄儿吕产、吕禄为王，掌握了朝廷大权。吕后的倒行逆施引起了群臣的愤慨和反对。等吕后一死，太尉周勃和丞相陈平等一些老臣便秘密谋划，打算彻底清除吕氏家族的势力，使刘氏势力重新执掌大权。

但是，吕禄掌管北军的兵权，周勃无法实现自己的目的。在这紧要关头，他想起了老丞相郦商。郦商的儿子郦寄是吕禄的好朋友，可以让郦寄用调虎离山计把吕禄骗出京城，然后设法把他除掉。当时郦商正在家中养病。周勃便去看望郦商，要他协助灭掉吕氏家族。郦商见吕氏家族大势已去，只得同意，并让儿子郦寄按计去欺骗吕禄。

受到郦寄的邀请，吕禄便随其一起出城打猎。乘此时机，周勃领兵控制了北军，随后便把吕氏家族余党全部清除。不久，郦商病死，郦寄被封为将军。史书上记载此事时，说郦寄的行为是出卖朋友。出卖朋友的人总是在有利可图的时候，就不顾道义了。而《汉书》的作者班固却认为，出卖朋友的人，应该是“见利忘义”的，而郦寄虽然出卖了朋友吕禄，为的却是国家的安定，所以无可指责。

今天我们读班固对郦寄所谓“见利忘义”行为的历史评价，不免佩服班固思维的新颖和视角的独特。他敢于跳出窠臼，对人对史直言。作为一位博古通今、对历史的描述有一家之言的历史叙述者，班固的评价显示了他的深识大体、不失公允又不失个性的特点。

释读

指看见有利可图就忘记了道义。

举案齐眉

出处

南朝·宋·范晔《后汉书·梁鸿传》："每归，妻为具食，不敢于鸿前仰视，举案齐眉。"

典故

东汉人梁鸿，年轻时家穷，但是他刻苦好学，后来颇有学问。他不愿做官，而是和妻子孟光一起，依靠自己的劳动，恩爱地度过了俭朴而愉快的一生。

孟光是和梁鸿同县的孟家的女儿。她生得皮肤黝黑，身材丰满健壮，喜爱劳动，没有一般的小姐习气。据说，当初为这个女儿选对象，孟家可费了不少周折。三十岁了，孟光还没出嫁。这倒不是因为她模样儿不够俊俏，而是她不喜欢一般少爷的弱模样。她自己提出要嫁个像梁鸿那样的男子。她的父母只得托人去向梁鸿说亲。梁鸿也听闻过孟光的性格，就同意了这门送上门的亲事。

孟光刚嫁给梁鸿时，作为新嫁娘，她不免穿戴打扮得漂亮些。梁鸿一连七天都未理睬她。第八天，孟光挽起发髻，褪下首饰，换上布衣布裙，开始劳作。梁鸿大喜，说道："好啊，这才是我梁鸿的妻子哩！"

据说，梁鸿和孟光结婚后，隐居在灞陵的深山里，后来迁居吴地。两人共同劳作，情深意笃，相敬如宾。梁鸿每天劳动后，回到家里，妻子孟光总是把准备好的饭菜摆在托盘里，双手捧着，举得与自己的眉毛一样高，恭恭敬敬地送到梁鸿面前。

梁鸿和孟光的夫妻关系之好，是我国古代历史上有名的，所以人们称赞一对好夫妻，就比做"梁孟"；而"举案齐眉"或"鸿案相庄"，则是形容夫妻之间的相亲相爱，相敬如宾。

释读

送饭时把放饭菜的托盘举得与眉毛相齐，表示恭敬。形容夫妻恩爱，相敬如宾。案：搁饭碗菜碟的一种用具，类似矮脚的小案几。

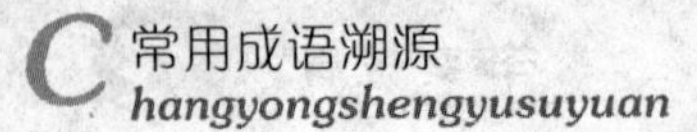

开卷有益

出处

宋·王辟之《渑水燕谈录》：“太宗日阅《御览》三卷，因事有阙，暇日追补之，尝曰：‘开卷有益，朕不以为劳也。’”

典故

宋太祖赵匡胤建立宋朝的时候，各地还存在着一些割据政权。统一全国的任务，直到他的弟弟赵光义当皇帝后才完成。

宋太宗赵光义统一全国后，立志弘扬传统文化，下令整理各种古籍。同时，他也重视各种古代文化资料的收集。宋太宗命李防等十四人编了一部书，全书共一千卷，搜集和摘录了一千六百多种古籍的重要内容，分类归成五十五部。此书是北宋前期官修“四大书”之一，是一部颇有价值的参考书，因为在宋太宗的太平兴国年间完成，所以原定书名为“太平类编”。

据《宋实录》、《渑水燕谈录》等记载，对这部书，宋太宗非常感兴趣，编成了之后，他曾亲自看了一遍。他给自己规定，每天至少要读两三卷。就这样，一年之内，他就把书全部读完了。所以，这部《太平类编》，后来的书名就叫做“太平御览”（“御览”，皇帝阅览的意思）。《太平御览》中所引用的古书，十之七八现在已经无法看到了。所以，可以说它是北宋前文化知识的总汇。

当时有人认为，皇帝在日理万机之外，每天还要阅读这部大书，未免太辛苦了，生怕会影响皇帝的身体健康。于是人们劝他少读一些，也不一定每天都得读，应该注意休息，读书的事可以暂时搁一搁，到必要的时候再读也来得及。毕竟，这么大部头的书，天底下又有几个人吃得消读完呢？宋太宗不这样认为，他说：“朕喜欢读书，从中颇得其趣，真是开卷有益啊。”

古语说：书中自有颜如玉，书中自有黄金屋。从古至今，这句话激励着多少人翻开书去读。人们想通过读书寻找到所谓的红颜知己，还有钱财富贵，甚至是获得经国济世的才能。而宋太宗赵光义，在日理万机之外，把读书作为自己的爱好。只要打开书，他就能得到益处，领略到情趣，这也算是这位皇帝个性中的自得其乐之处，值得后人学习。

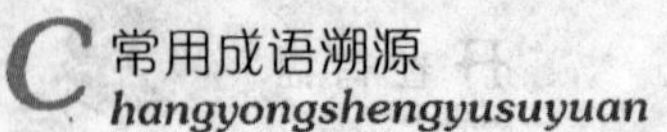

释读

只要打开书就有益处。卷：书。开卷：打开书本，指读书。

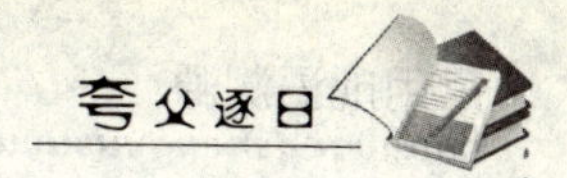

夸父逐日

出处

战国至西汉《山海经·海外北经》："夸父与日逐走，入日。渴欲得饮，饮于河、渭；河、渭不足，北饮大泽。"

典故

远古时代，有一座巍峨雄伟的成都载天山，山上住着一个巨人氏族叫夸父族。夸父族的首领夸父，力大无穷，气概非凡。夸父常常将捉到的凶恶的黄蛇挂在自己的两只耳朵上作为装饰，引以为荣。

有一年，天大旱。火一样的太阳烤焦了地上的庄稼，晒干了河里的流水。人们热得难受，实在无法生活。夸父见到这种情景，就立下雄心壮志，发誓要把太阳捉住。

太阳在空中飞快地转，夸父双耳挂两条黄蛇，手拿两条黄蛇，在地上疾风一样地追。夸父不停地追呀追，饿了，摘个野果充饥；渴了，捧口河水解渴；累了，也仅仅打个盹。他心里一直在鼓励自己：“快了，就要追上太阳了。”他追了九天九夜，离太阳越来越近，红彤彤的太阳似乎就在头顶上了。

跨过一座座高山，穿过一条条大河，夸父终于在禺谷就要追上太阳了。夸父兴奋极了。可是离太阳越近，太阳光就越强烈，夸父越来越感到焦躁难耐，他觉得他浑身的水分都被蒸干了。当务之急，他需要喝大量的水。于是，夸父走到东南方的黄河边，伏下身子，猛喝水，黄河水被他喝干了，他又去喝渭河里的水。谁知道，他喝干了渭河水，还是不解渴。于是，他打算向北走，去喝大泽的水。可是，夸父实在太累太渴了，身体再也支持不住了，慢慢地倒下去，死了。

夸父死后，他的身体变成了一座大山。这就是夸父山。夸父死时扔下的手杖，也变成了一片五彩云霞一样的桃林。

天帝被夸父的勇敢所感动，惩罚了太阳。从此，他的部族年年风调雨顺，万物兴盛。夸父的后代子孙居住在夸父山下，生儿育女，繁衍后代，生活非常幸福。

释读

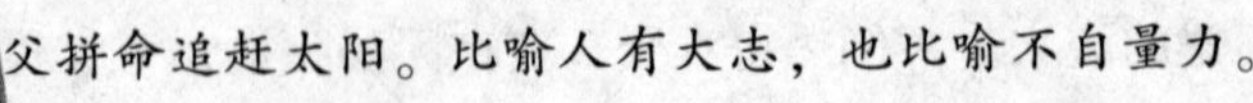
夸父拼命追赶太阳。比喻人有大志，也比喻不自量力。

劳苦功高

出处

西汉·司马迁《史记·项羽本纪》：“劳苦而功高如此，未有封侯之赏，而听细说，欲诛有功之人。”

典故

鸿门宴上，话说项庄舞剑，意在沛公，情况危急。张良连忙离席，去找守候在鸿门军营门口的猛将樊哙。樊哙一路斩杀，直冲鸿门宴席。

樊哙怒目圆睁，直视项羽，头发都直立了起来。

项羽手按着剑，问：“来客是谁？”张良说：“是刘沛公的猛将樊哙。”项羽一见他那架势，甚是欣赏，说道：“壮士啊！赐酒！”樊哙拜谢后，一饮而尽。项羽又赐他生猪肘子。

只见樊哙拿剑切了肘子就吃。

项羽又问："壮士还能喝酒吗？"樊哙说："我死都不怕，还怕酒？秦王心狠如虎狼，杀人如麻，刑罚严酷，天下人都起来反叛。怀王和起义的将领约定：先破秦入咸阳者为王。如今是沛公先进了咸阳，秋毫无犯，只待项王来。还派人守关，以防偷盗和意外。这样劳苦功高，却没有封赏，反倒要诛杀。这不是步了暴秦的后尘吗？项王不该如此!"

不久，刘邦表示要如厕方便一下，偷偷地带了樊哙出去。

很快，项羽让陈平来找刘邦回去。刘邦一时找不到辞行的理由，樊哙说："大行不顾细谨，大礼不辞小让。如今是人为刀俎，我为鱼肉，还用得着辞行吗？"于是，刘邦在樊哙的护卫下，抄近道顺利地回到了自己的军营。

张良估摸着刘邦已经到达军营，这才向项羽辞行，并向项羽和其谋士范增送上预先准备好的厚礼，说刘邦不胜酒力，已经回到营中。这时，任凭项羽再有怎样的诛杀刘邦的计谋，都为时已晚、无济于事了。知道刘邦已脱身，范增把刘邦送的玉斗摔在地上，拔出剑来刺了个粉碎，说道："这小子真是不可谋大事! 抢天下的，肯定是刘邦!"

释读

出了很多力，吃了很多苦，立下了很大的功劳，形容历尽艰辛，立下大功。劳苦：辛苦。功：功劳，功勋。

马革裹尸

出处

南朝·宋·范晔《后汉书·马援传》："男儿要当死于边野，以马革裹尸还葬耳，何能卧床上在儿女子手中邪？"

典故

东汉时名将马援，字文渊，扶风郡茂陵县人。年轻时，他在郡里当过小官，因为同情一批犯人，在押解途中擅自把他们放了，自己就逃到甘肃，以农牧为生。由于勤俭经营，几年之后，他拥有了牛羊成群，谷物满仓，相当富裕。但是马援认为，一味追求生活享受是庸俗的，因此他把财物分给兄弟、亲邻和朋友，自己仍然过着艰苦朴素的日子。

汉光武帝（刘秀）时，马援参加了几次抵抗外族侵略、保卫边疆的战争，例如南征交趾，北伐匈奴、乌丸，立了多次战功。汉光武帝拜他为伏波将军，封他为新息侯。

马援回到京城洛阳，大家都来向他祝贺，其中有个名叫孟翼的官员。马援对孟翼说："为什么先生不说些指教我的话，而一味夸奖呢？"孟翼不知如何应对。马援说："汉武帝时的伏波将军路博德，开拓了七个郡的土地，他的封地只有数百户。我的功劳比路将军小得多了，封地却多达三千户，如此赏大于功，先生为什么不在这方面指教指教我呢？"

《后汉书·马援传》载，马援常常说："大丈夫为志，穷当益坚、老当益壮!"还说："好男儿当为国战死疆场，以马革裹尸还葬！如今，匈奴和乌丸还在北方不断侵扰，我打算向朝廷请求当个先锋，做一个有志的男儿。男儿应该战死在边疆荒野的战场上，怎么能躺在床上，死在儿女的身边呢？"

有一次，武威将军刘尚在贵州一带打了败仗，全军覆没。马援得了这个消息，便主动要求上前线去。那时他已经六十二岁了，光武帝认为他年纪大了，没有批准他的请求。他不服，当场披甲上马，在马背上昂首挺胸，挥舞兵器，威武极了。光武帝不禁赞叹道："矍铄哉，是翁也!"于是马援带领军队，往贵州战地去了。

后来马援果然死在军中。他在贵州一带作战时，很多士兵传染上疫病，战斗十分艰苦。而这位身经百战的老将，自己也得了重病。但是，他坚持守在前线的土屋里，不肯离开部队，

终于实现了他战死疆场、马革裹尸的壮志。

释读

用马皮将尸体包起来。比喻将士战死疆场。

南柯一梦

出处

唐·李公佐《南柯太守传》：“生感南柯之浮虚，悟人世之倏忽。”

典故

有个名叫淳于棼的人，他喜欢喝酒，经常喝得酩酊大醉。有一天，他在家门前一棵大槐树下喝得烂醉，他的两位朋友搀扶着他进屋，让他躺下睡一会儿。他们则在他的床边一面守候，一面洗脚。

淳于棼很快就睡着了。忽然，他看到从屋外进来两个穿着官服的人，对他说：“走吧，我们大槐安国国王正请您去呢！”淳于棼于是跟着他们出了屋，走着走着，居然走进了家门前的槐树洞里。没走多久，他看见前面出现了一座宫殿，跟着两人进宫一瞧，上边端坐着一位国王。国王说：“淳于棼，听说你为人很好，我打算将二女儿许配给你，不知你愿不愿意？”淳于棼心想，洞房花烛，乃是人生一大喜事，何况是和公主成亲呢？于是，他被招为驸马。渐渐地，淳于棼觉得这样的生活变得有点无聊了，他把这个想法告诉了公主，公主又告诉了国王。第二天，国王就任命他到南柯郡去当太守。

当了南柯郡的地方官后，淳于棼尽心尽职，当地政通人和。不知不觉，在南柯郡，他已待了三十年。他有五儿二女，家庭美满，官位显赫。不料，大槐安国这时遭到了檀萝国的入侵，淳于棼率军出征，却吃了败仗。他的夫人又不幸去世了。国王从此不再信任他，免了他的官职，让他回老家。

于是，依然是原先的那两个穿着官服的人，把淳于棼送回了老家。刚回到家，淳于棼忽然睁开眼睛，梦醒了。他把梦里的奇遇告诉两个朋友。三个人一同来到门前的大槐树下，看到树洞里有个蚂蚁窝，一群蚂蚁聚居在这里；有许多突起，大概就是大槐国的宫殿；南边有一根树枝，大概就是“南柯郡”了。淳于棼心想：“难道我就在那儿当了三十年的太守？原来长长的一生只是一场梦呀。”

释读

指一场美梦。比喻空欢喜一场。

旁若无人

出处

西汉·司马迁《史记·刺客列传》："高渐离击筑，荆轲和而歌于市中，相乐也，已而相泣，旁若无人者。"

典故

战国后期，秦国对肴山以东六国的威胁越来越大，六国非常惊慌。很多杰出人才联合起来对抗秦国。

卫国有个侠士叫做庆卿。他喜欢击剑，整天和朋友一起练剑习武，切磋武艺。每天天刚亮厂他就起身去练剑，直练到汗水淋漓，才收剑休息。同时，他又好学不倦，饱读诗书，从小就有远大的抱负。他坚决要求抗击秦国。他曾经游说卫元君。卫元君懦弱，不肯重用庆卿；他又去游说赵国，可是也没有成功。于是，他去了燕国。燕人称他为荆卿，也就是荆轲。

荆轲到达燕国后，和隐居卖狗肉的高渐离成了知己。高渐离是一个很有才华的乐师，也是一位非常豪爽的勇士。他们两个人经常在燕国街市上豪饮。喝到高兴时，高渐离就把他随身携带的筑（古代一种打击乐器）放在案台上或者放在膝上，演奏音乐；而荆轲总是在高渐离击筑的时候，和着节拍，放声高唱。两人越唱越高兴，歌声也越来越激昂。高亢的歌声引来了许多围观的人，而且越聚越多。他们对于人们的指点和围观熟视无睹，一点也不在乎。当唱到悲切慷慨处，两人还相对放声痛哭，泪如雨下，旁若无人，仿佛这个世界只有他俩存在。

正是由于这种豪迈和旁若无人的气概，荆轲后来受到了燕太子丹的赏识，引为上宾，并委以刺杀秦王的重任。

在易水临别前，荆轲是抱着必死的决心的，不成功就成仁，没想过要生还。后来，荆轲带着夹着匕首的燕国地图到咸阳去刺杀秦王，结果刺杀未成，不幸身死。荆轲成为一代又一代勇士的楷模，为后人称颂。

荆轲的朋友、乐师高渐离在筑中铸了铅，也想要找机会刺杀秦王，同样没有成功，结果被处死了。

释读

旁边好像没有人。形容态度自然从容，也形容高傲、目中无人。旁：旁边。若：好像。

破釜沉舟

出处

西汉·司马迁《史记·项羽本纪》："项羽乃悉引兵渡河，皆沉船，破釜甑，烧庐舍，持三日粮，以示士卒必死，无一还心。"

典故

秦末，各地纷纷反秦，项羽和他的叔父项梁也在这时起兵。因为项家世代为楚将，楚地的起义将领都来归附，于是势力逐渐壮大起来。

项梁率领大军，和项羽等人在山东、河南一带连续击败秦军。有一次，项羽还斩杀了秦丞相李斯的儿子李由。可是，秦军大量增援后，秦将章邯在定陶一带却大败楚军，项梁就战死在这一役中。项羽、刘邦和吕臣等部队，只得撤退。

章邯击破了楚军，以为楚地的战事可以告一段落了，于是渡过黄河北攻赵地。那时，赵歇为赵王，陈余为将，张耳为相，退入巨鹿固守。楚王以宋义为上将军，项羽为次将，率领楚军前去救赵。

楚军开到安阳，停留不前，等了四十六天。项羽忍耐不住，催宋义快快渡河，同赵军里应外合，打垮秦军。宋义不同意，说要等秦军打得疲劳时趁虚而入，并且说："冲锋陷阵，我不如你；筹谋策划，则你不如我！"当时正值冬季，雨雪交加，士兵们饥寒交迫，而宋义只顾自己吃喝。项羽气愤极了，再次去见宋义时，在帐幕中杀死了他。他把宋义的头割下，号令全军。将领们见上将军被杀，个个惊惧，表示愿意服从项羽。项羽报告了楚王，楚王就命项羽为上将军。

项羽先派黥布和蒲将军领二万人渡河，解救巨鹿。接着，他亲率全军渡河北上。过河之后，他命令楚军把渡船全凿沉，饭锅都砸破，岸边的房屋也统统烧光，每人只发三天粮食，表示此去只有拼命、誓不后退的坚强决心。

楚军一到前线，立即包围秦军，截断他们的运粮后路。一场鏖战，楚军将士以一当十，勇猛无比，秦军被打得落花流水。

这一战役胜利结束后，项羽召见各地援军的将领。他们低头弯腰地走进辕门，都拜在项羽面前。项羽从此成为各地抗秦军队的首领。

释读

把锅砸破，把船凿沉，表示誓死不退的决心。釜：锅。

黔驴技穷

出处

唐·柳宗元《黔之驴》："驴一鸣，虎大骇，远遁；以为且噬己也，甚恐。然往来视之，觉无异能者……稍近，益狎，荡倚冲冒。驴不胜怒，蹄之。虎因喜，计之曰：'技止此耳！'"

典故

从前的贵州不产驴子，有个没事喜欢折腾的人，用船运了一匹驴子到这里。运到之后，他发现驴子没有用得着的地方，就把它放在山下，再也不管不顾了。

驴子新来乍到，就在山下闲逛了一圈，熟悉熟悉地形，尽管这里的地形让驴子一阵迷惑。

一只老虎发现了这头驴子：哇，庞然大物，竟然这么大个啊！看上去就够厉害的啦！老虎躲在树林里，对新来的客人偷偷观察了半天，才敢慢慢走出来，但是仍然战战兢兢地用毕恭毕敬的态度对待驴子。毕竟，它还摸不清这到底是个什么样的家伙，还是小心一点为好。

有一天，驴子忽然大叫了一声，吓得老虎拔腿就跑，一直跑了很远。它以为那个大家伙就要来吞了自己，心直发抖。但是，驴子并没有追上来。

后来，老虎壮着胆来回观察驴子的行踪，渐渐觉得驴子并没什么了不起。对于它的大叫声，老虎也渐渐听惯了，不再胆战心惊了。于是，它故意走近驴子，先试探试探。当然，要说侵犯，老虎还没那么莽撞。后来，老虎再靠近一些，故意逗它，撞它。驴子终于大发脾气，抬腿就踢。这时，老虎完全识破了它，不禁大喜，心想："原来你的本领不过如此！"于是纵身猛扑过去，大吼一声，先一口咬断了驴子的喉管，再把驴肉吃了个精光，最后心满意足地走了。

唐代文学家柳宗元写了三篇著名的寓言，合称"三戒"，这个故事是其中的一篇，题为"黔之驴"。形容有限的拙劣技能，就叫"黔驴之技"；形容仅有的一点本领都已用尽，就叫"黔驴技穷"。宋代诗人陆游有诗道："技能已尽似黔驴。""黔驴之技"和"黔驴技穷"另有意思相仿的成语"梧鼠之技"和"梧鼠技穷"。

释读

形容仅有的一点本领都已用完，再也没有什么办法了。黔：今贵州省。穷：尽。

人言可畏

出处

《诗经·郑风·将仲子》：“岂敢爱之？畏人之多言。仲可怀也，人之多言亦可畏也。”

典故

一位热情的女子和一位勇敢的男子相爱了。两人一日不见，如隔三秋，所以常常幽会。可是这样好像还是不够，男子仍然非常想念他的姑娘。一见到她，仿佛整个世界只剩下她一个；一不见她，整个世界全是她的影子。无法排遣的思念，如何是好呢？

不知不觉地，男子走到了他心爱姑娘的家附近。姑娘就在围墙之内，她家的院落种着檀树，树枝伸出围墙外。他想到了一个法子。趁着天黑，他悄悄地翻过围墙，缘着檀树滑下。就这样，他出现在了他的姑娘面前，两个人极其小心地相拥。

从此，男子常常这样来和女子约会。有时候，他越墙而过时会不小心折断几根小树枝。所以他还得非常小心翼翼才是。姑娘的兄弟和亲戚都在，可不能被他们撞见，毕竟还只是恋爱阶段呀。当他翻越围墙的时候，当然也不能被乡邻撞见。

但是，怎么可能天衣无缝呢？姑娘享受和情人约会的甜蜜和幸福时，同样也担心，这样的幽会，若被发现是会被人说闲话的，谁又能保证没有人会发现呢？那天哥哥的表情好像暗藏着责备和防范，邻居看我时眼神好像异样。虽然男女相爱不是丢脸的事，但别人的话还是令我在意。怎么办呢？只能暂时忍痛割爱了。所以，她对男子说："请求仲子呀，别爬我家的园，别折我种的檀。我哪里是爱惜檀木，怕的是别人说闲话。你让我思念，可是闲言闲语又是多么可怕呀。"

释读

形容流言的伤人和可怕。畏：怕。

叹为观止

出处

春秋·左丘明《左传·襄公二十九年》：“‘观止矣！若有他乐，吾不敢请已。’”

典故

春秋时期，吴国有一位名叫季札的相国，他是吴王寿梦的小儿子，又称公子札。寿梦想传位给他，他坚决不接受，寿梦只好传给大儿子。后来老大又想传位给季札，季札仍不接受，老大只好传位给二弟，二弟又传给三弟。老三去世后，季札又想法躲开了。这样，老三的儿子继承了王位，也就是吴王僚。

有一次，季札出使北方各国，路过徐国，徐国国君非常喜欢季札佩带的宝剑，但是不好意思张口讨要，只是从眼神中流露出来。按照当时的礼仪，使者是不能不佩带宝剑的。季札看在眼里，记在心头，准备出使各国回来后，就把宝剑送给徐国国君。不料，等他完成使命路经徐国时，徐国国君已经病故。季札悔恨莫及，到徐国国君的坟前祭奠时，就将宝剑挂在墓旁的树杈上。

有人说："国君已经死了，你把这宝剑挂在树上还有什么用呢？"季札说："我的心早就答应将这宝剑赠送给他，不能因为他已经死了就改变主意。"

季札曾奉吴王之命访问鲁国。在鲁国访问期间，季札要求欣赏聆听周乐和舞蹈，鲁襄公就让人为他表演。季札一面欣赏各种音乐和歌舞，一面指出优缺点。当看完表演虞舜的歌舞《韶箾》舞后，他便知是最后一个节目了。季札大声称赞："虞舜的功德最高啊！就像无垠的春天，没有什么不被它覆盖；就像广阔的大地，没有什么不被它运载！再没有什么功德，能超过这部歌舞所表现出来的虞舜的功德了。欣赏就到此为止吧！"

鲁国人想不到季札竟能一一点出乐舞的名字，预知鲁国用乐的数量和篇目，恰如其分地对其作出评论。因此，大家对他非常敬佩。

释读

指赞美所见到的事物好到了极点。叹：赞赏。观止：看到这里就够了。

探囊取物

出处

北宋·欧阳修《新五代史·南唐世家》："中国用吾为相，取江南如探囊中物尔。"

典故

五代十国时期，封建割据，战乱频繁，中原一带更是动乱不安。北方后唐明宗时有个贤才，名叫韩熙载，他颇有些抱负。

韩熙载自幼勤学苦读，后又隐居于中岳嵩山读书，游学于洛阳，并且参加了科举考试，一举考中进士。因其父被明宗李嗣源所杀，并且诛连到整个家族，韩熙载不得不逃离中原，准备投奔江南的南唐。

韩熙载伪装成商贾，经正阳渡过淮河，逃入吴国境内。韩熙载之所以选择这条路线，是因为他的好朋友李谷是汝阴（今安徽阜阳）人，颍州的治所就在汝阴，而淮水的重要渡口正阳镇，就在颍州颍上县境内的淮河岸边的颍水入淮处，其对岸便是吴国的疆土，交通十分便捷。

好朋友李谷为韩熙载送行。两个好朋友举杯痛饮，并且大谈各自的抱负，这正是踌躇满志的年代。

在饮酒作别时，韩熙载意气风发地对李谷说："江南的国家如果任用我为宰相，我一定能率军北上，迅速平复中原。"

李谷说："中原国家如果任用我为宰相，那夺取江南各国，就好像'探囊取物'。"

韩熙载投奔南唐不久，南唐就把吴国攻灭了。但是，南唐奸臣当道，韩熙载满怀的抱负无从施展，只能眼睁睁地看着自己的才能一天一天地荒废。当时中原之士南迁的很多，大都得到擢用，唯独韩熙载没有被重用，先后充任滁、和、常三州从事。于是，韩熙载只能借酒消愁，整日和歌姬厮混，最终没能当上宰相。

李谷的情况有些不同。他做了北方后周的将领，奉命征伐南唐。在南征过程中，李谷打了不少胜仗，屡建战功。只是他当宰相的誓言，也一直未能实现，"探囊取物"也只不过是他个人的痴心妄想而已。

释读

伸手到口袋里拿东西。比喻能够轻而易举地办成某件事情。囊：口袋。

外强中干

出处

春秋·左丘明《左传·僖公十五年》："'今乘异产以从戎事，及惧而变……外强中干，进退不可，周旋不能，君必悔之。'"

典故

春秋时，晋献公宠爱妃子骊姬。骊姬想把自己所生的儿子奚齐立为太子，以便将来继任为国君，于是设下阴谋，陷害太子申生和公子重耳、夷吾。晋献公听信骊姬的谗言，先逼死了申生，又要逮捕重耳和夷吾，两人就先后逃奔出国。

后来，晋献公死了，奚齐也被臣子杀了。逃在梁国的夷吾回国继任为国君，即晋惠公。晋惠公恐怕重耳回来夺他的君位，便派人去谋刺重耳。重耳在国外流亡多年后才回到晋国，取得了政权。

话说秦国发生饥荒时，晋惠公没有伸出援手帮助秦国，秦穆公为此怀恨在心。后来，秦穆公发兵攻打晋国，很快就打下了晋国的一个城镇。

为了抵抗强大的秦军，晋惠公亲自领兵反击。他一定要选用郑国的骏马作为自己的坐骑。这时候，大夫庆郑劝阻说："打仗应该用本国出产的马才是。首先，本国的马熟悉地形，对地势适应；其次，它更善于理解主人的心意，容易驾驭。跟人一样，马也有自己的性情和习惯。别的国家的马呢，首先就是对道路不熟，再就是不那么听使唤，遇到意外情况还会畏惧紧张，看上去血脉突起，其实是'外强中干'，看起来外表很强壮，内里却已气力衰竭。到时候，我们就会进退不得。大王还是改变原来的决定吧！"

大夫庆郑分析得入情入理，可是，晋惠公就是不听这个劝。他坚持要用郑国出产的马，因为它看上去强壮矫健，精神抖擞，浑身充满作战的力量。至于地形，马才没有那么挑剔呢！再说，只要驾驭得好，马自然会理解主人的意图。所以，晋惠公骑着郑国的马雄赳赳地上了战场。

可是，事情正如大夫庆郑所料。晋惠公的马在战场上惊恐失常，原先雄健的风姿荡然无存。最后，晋惠公连人带马陷在烂泥坑里。秦军轻易地就将晋惠公俘虏了，晋国因此而大败。

释读

形容貌似强大，实则虚弱。干：枯竭。

网开一面

出处

西汉·司马迁《史记·殷本纪》："汤出，见野张网四面，祝曰：'自天下四方皆入吾网。'汤曰：'嘻，尽之矣！'乃击其三面。"

典故

商乃兴起于黄河下游的古老部族，相传其始祖名契，因为辅佐大禹治水有功，被舜封于商，赐姓子氏。商族在早期经常迁徙居地，自契至成汤共十四世，都城先后八次迁移，到成汤时才定居于亳。夏朝建立后不久，商族就一直臣服于夏，成了夏的一个属国。夏朝末年，商部落强大起来，积极准备灭夏。成汤任用贤人伊尹做助手，先后灭掉夏的同盟者韦、顾、昆吾。同时，夏朝末年统治集团内部混乱，“君臣乖而不亲，骨肉疏而不附”，离心离德。夏桀对外发动征伐战争，在内奢侈腐化，残害异己，人民对他的统治痛恨至极。成汤乘机以讨伐夏桀的暴政为号令，发动了灭夏战争。

一天，成汤散步时看到一个人在野外四面张网捕鸟，还祈祷说：“上天保佑，无论从哪里来的鸟，都进入我的网来吧！”

成汤对捕鸟人说：“哎呀，这样撒下天罗地网，太残忍了，鸟儿恐怕要被你捕光，再不能在空中自由地飞翔了。”

说罢，成汤命人拆掉三面的网，并小声祷告：“鸟儿啊，你们愿意往左飞就往左飞，愿意往右飞就往右飞。如果实在是不想飞，不想存活了，就进入网里来吧！”

部落首领们听说此事，纷纷称赞说：“汤是一个好君王。他对飞禽都如此心怀仁慈，对人肯定更加仁爱。”很快，四十个氏族部落先后归顺于成汤。最后，成汤终于灭了荒淫无道的夏桀，成了商的开国君主。

这就是成语“网开三面”的典故，“网开三面”现在也用作“网开一面”。

释读

把捕飞禽的网打开一面。原指仁慈宽厚，现多形容给人一条弃旧从新的路。

洗耳恭听

出处

西晋·皇甫谧《高士传·许由》："'尧欲召我为九州长，恶闻其声，是故洗耳。'"

典故

传说，上古唐尧、虞舜的时代，帝位是"禅让"相继的：尧让位给舜，后来舜又让位给禹。历史上称之为"禅让制"。

据说，尧让位给舜之前，曾经找过许由，因为当时尧认为许由是个道德高尚的贤人，所以想把帝位让给他。许由是个以不问政治为清高的人，不但拒绝了尧的请求，而且，连夜逃到箕山，隐居不出。

当时尧还以为许由是谦虚不受，所以对他更是敬重，又派了人去请他，说，如果坚决不接受帝位，则希望他能出来当个九州长。不料，听了这个消息，许由更是厌恶，立刻跑到山下的颍水边，掬水洗耳。

许由的朋友巢父也隐居在这里。这时，他正巧牵着一头小牛来给它饮水。他看见许由在水边，就问他稀奇古怪地在干什么。许由把消息告诉他，然后说：“我听入了这样不干不净的话，怎能不赶快洗洗我清白的耳朵呢!”巢父听了，冷笑一声，说道：“哼，谁叫你在外面招摇，惹来了名声，现在麻烦来了，完全是你自讨的。还洗什么耳朵！算了吧，别弄脏了我的小牛的嘴!”说完，他牵着小牛，径自走向水流的上游去了。

这个传说，叫做“箕山洗耳”。晋人皇甫谧把它收集在他所撰的《高士传》中。“洗耳”一词的出处，就在这里。不过，后来人们所说的“洗耳”和许由的“洗耳”，含义截然不同。许由是因为听了不愿意听的话而自命清高地洗耳，后来的“洗耳”，却是准备领教聆听的意思，一般叫做“洗耳恭听”。

释读

把耳朵洗干净，认真地听。表示乐意聆听领教。

先发制人

出处

西汉·司马迁《史记·项羽本纪》：“‘先即制人，后则为人所制。’”

典故

项羽和叔父项梁住在吴中。项梁懂得兵法，颇有才能，深得吴中人的敬重。项羽在少年时代不爱读书写字，改学击剑也学不好，项梁很生气。力能扛鼎的项羽说：“识的字只要能记记姓名就够了。击剑是对付个把人的，也不值得学。我要学能抵敌万人的本领。”项梁就教他兵法，项羽很高兴，但也只求略知大意，不肯认真钻研。

秦末，起兵反秦的兵马层出不穷。陈胜、吴广等在大泽乡起义，获得广大群众的拥护，声势浩大。会稽太守殷通想趁此投机。他把项梁请去，对他说：“现在长江西北岸都反起来了，这是天意灭秦，时机已到。我知道，‘先即制人，后则为人所制’。我想趁机赶快发兵，请你和桓楚来带领。”项梁说：“桓楚逃亡在外，只有我的侄儿项羽知道他在哪儿。我去找他问一下再告诉你。”项梁就出去，吩咐项羽备剑，见机行事，然后进去对殷通说：“请允许我叫项羽进来，以便受命去找桓楚。”殷通同意了。项羽走进来，看见叔父向他使了个眼神，就明白了他的意思。他立刻拔出剑来，斩下了殷通的头。项梁把会稽太守的官印取来，佩在腰间。接着，项羽又杀死了殷通的部下数十人，其余的人很快降服了。

项梁继任会稽太守，并宣布了反秦的主张，大家表示愿意跟从。不久，一支拥有八千人的江东子弟兵就组建起来了，项羽和叔父项梁就是首领。从这里起步，项羽和项梁再率起义军渡江西进，大举反秦。恰巧东阳县起义军二万人，以陈婴为首，愿和项梁部队合并；过淮河后，又有黥布、蒲将军等率众归附。于是，项梁的部队一下子扩充到了六七万人。

此时，陈胜已经牺牲，项梁证实了这个消息后，召集各路将领在薛县开会，商议大事。起兵于沛县的刘邦，也前往参加。

这段故事，《史记·项羽本纪》和《汉书·项籍传》都有大致相同的记述。在《史记》中，殷通对项梁说的“先即制人，后则为人所制”，在《汉书》中则作“先发制人，后发制于人”。两者在文字上虽有小异，意思却完全一样。

释读

指先采取行动的一方可以占据主动，控制对方。制：控制。

睚眦必报

出处

西汉·司马迁《史记·范雎传》：“一饭之德必偿，睚眦之怨必报。”

典故

秦昭王时，位高权重的宰相范雎因巧言善辩，深受秦昭王的赏识。可是，他还有自己的伤心往事。

原来，范雎本是魏国人。在魏国时，曾随中大夫须贾去齐国，须贾怀疑他同齐国私通，回国后将自己的疑虑报告给了宰相魏齐。魏齐叫人把范雎毒打了一顿，范雎装死才得以逃生。他躲在好朋友郑安平的家里，改名张禄，慢慢地养伤。接下来，通过秦国派到魏国来的使臣王稽的关系，他偷偷到了秦国。在秦国，又经王稽的推荐，并且凭着他的三寸不烂之舌，取得了秦昭王的赏识，登上了宰相的高位。

范雎当了宰相不久，就说动秦昭王发兵攻伐魏国。魏国派须贾前往秦国，请求罢兵。范雎化装成一个流落他乡的穷汉去看他。见是范雎，须贾吃了一惊，说："啊，原来你还活着！"须贾觉得他太可怜了，就顺手取了一件绨袍送给他。

后来，当须贾知道范雎就是秦相张禄的时候，他想起旧事，不禁惶恐万分。他光着上身，跪在范雎面前请罪。范雎将须贾大骂了一顿，列数了他的罪状，又特地举行了盛大的宴会，当着各国代表和全体宾客的面侮辱了他一场；还说，姑念他赠送绨袍，总算不忘旧情，就饶过他的性命，可是，须贾必须去告诉魏昭王，快把魏齐的人头送来，否则，就要发兵杀到魏国去。

魏齐听到这个消息，吓得逃到赵国，赵国也怕秦国，不敢收留；他又想逃往楚国，楚国也不敢相救。这位宰相最终被逼自杀。

后来，范雎保荐救了他性命的好友郑安平为秦国的将军，提拔王稽为河东守，还把部分家产分给曾经帮助过他的人。《史记·范雎传》说他一饭之德必偿，睚眦之怨必报。就是说，纵然是一顿饭的小恩，也要报答；纵然是一瞪眼的小怨，也要报复。这就叫"一饭必偿"、"睚眦必报"。

释读

瞪眼怒视的小怨，都要报复。形容心地褊狭，气量狭小。

睚眦：发怒时瞪眼。

偃旗息鼓

出处

《三国志·赵云传》南朝·宋·裴松之注引《赵云别传》："更大开门，偃旗息鼓，公军疑云有伏兵，引去。"

典故

三国时期，汉中是曹操南取荆州、西征巴蜀、灭蜀并吴的军事目标，又是刘备平定中原、复兴汉室的战略基地。魏蜀两国争夺汉中，在此展开拉锯战。曹操夺取汉中，收降张鲁；刘备攻克沔阳，设坛称"汉中王"。

蜀军南渡沔水（汉水），在定军山安营扎寨。而曹操军队在汉水北山脚下搬运粮草，准备作战。刘备的老将黄忠带兵前去抢夺粮草，被曹军围困。

赵云，字子龙，是刘备部下著名的勇将。他带领几十名骑兵前去救援，所到之处，曹军纷纷败退。曹操见此情景，非常恼火。他命令张郃、徐晃率领大军，猛冲而来，势在把赵云一举拿下。

赵云兵少势弱，先跑回了营寨。在这个关头，有的将士主张立即下令关紧营寨大门，以便死守。

但是，赵云不同意，反而下令敞开营寨大门，把军旗放倒，同时停击战鼓。偃旗息鼓之后，他独自骑着马，提着枪，挺立在营寨大门口。

这时，只见赵云营中静悄悄的，没有发生骚动，也没乱成一团，而赵云更是单枪匹马，立在门口，毫无惧色。曹军不得不得不疑对方有大批伏兵，故意诱敌深入，于是停止前进，慌忙撤退。赵云发现曹军军心已乱，一声令下，战鼓齐鸣，喊声震天，雨点似的利箭，向曹军射去。曹军纷纷逃命，互相践踏和跌入汉水而死的，不计其数。

这个时候，赵云趁机引兵追击，攻占了曹营，打了一个漂亮的大胜仗。赵云“偃旗息鼓”的计谋成功了。

第二天，刘备和诸葛亮一同来视察赵云的营寨，看到了前日的战绩。刘备十分高兴地对诸葛亮说：“子龙一身都是胆!”

释读

放倒旗子，停止敲鼓。原指隐蔽目标，迷惑敌人。现比喻停止做某件事。偃：倒。

腰缠万贯

出处

南朝·梁·殷芸《小说》：“有客相从，各言所志，或愿为扬州刺史，或愿多赀财，或愿骑鹤上升。其一人曰：‘腰缠十万贯，骑鹤上扬州。’欲兼三者。”

典故

从前，有四个好朋友，他们经常相聚在一起，喝喝酒，散散步，写写诗。他们有各自的快乐，也有各自的苦恼。常常，他们互相倾吐自己的悲喜，上至天文地理，下到鸡毛蒜皮，还有国家大事，他们都能娓娓而谈。

有一天，他们又聚会了。酒足饭饱之余，他们决定这一次要谈论一个带有终极意义的问题，那就是，每个人把自己这一生最大的愿望给描述一下。世界越来越复杂了，弄清楚自己最想要的是什么，这对生活的幸福可大有好处。

第一位说：“我想做官，成为扬州刺史。当官多舒服呀，俸禄优厚，待遇极好，工作又稳定，人人敬重。何况还是在江左名都、温柔繁华的扬州呢！当然，我还是会恪尽职守，当一个好官，多为百姓做事的。”

第二位说：“我希望有很多很多的钱，成为大富翁。什么山珍海味我都要尝遍，吃到腻为止。还有，想买什么我就买什么，豪宅、宝马香车，我都要拥有！当然，我也会捐钱给需要救济的人，让孩子读得起书，让老人安度晚年。俗话说，有钱能使鬼推磨，我要享受这种应有尽有的生活！”

第三位听了前面两位朋友的宏大愿望，摇了摇头，娓娓地说：“做官太繁忙，赚钱太庸俗，我呢，只喜欢过逍遥的日子。所以，我的愿望是，骑着鹤自由自在地游荡。闲云野鹤的日子多么让我向往！当然，我还会遍访同样逍遥的人，和他们成为知己，说不定可以一起云游天下！”

最后一位，听了三位朋友的愿望，觉得每一个都不错，每一个又都不够。他想了一会儿，豪情壮志地说：“我的理想就是，‘腰缠十万贯，骑鹤上扬州’。你们所想的官爵、金钱、自由，我都想要，都不想放弃。我要拥有全世界每一个人都向往的日子。只有这样，我觉得人生才完美。”

释读

腰上缠着万贯钱财。形容拥有极多钱财。贯：旧时的制钱，一千个为一贯。

一败涂地

出处

西汉·司马迁《史记·高祖本纪》：“天下方扰，诸侯并起，今置将不善，一败涂地。”

典故

汉高祖刘邦在秦末时，本是沛县泗水地方的一个亭长。那时，各地诸侯纷纷起兵反抗暴秦的统治，农民领袖陈胜揭竿而起，在大泽乡发动了起义。刘邦这时也在乡间组织武装，准备起义。

沛县县令见局势不稳，恐怕于己不利，他听说刘邦在群众中很有威信，就派人去把刘邦请来。

可是，当县令得悉，刘邦带着近百人马而来时，他又开始害怕起来。他下令紧闭城门，不让刘邦入城。

刘邦灵机一动，写了一封信给城内的父老乡亲，绑在箭上，射进城去。在信中，他鼓励群众，号召大家响应起义。群众果然齐心响应，杀了县令，打开城门，迎接刘邦入城，并且，请他做沛县县令。所以刘邦又称“沛公”。

当时刘邦入城，群众一致拥戴他为领袖，他曾好好地谦让了一番，并且非常诚恳地说：如今各处反秦，形势十分紧张，领袖的人选必须慎重选择。现在如果选择领袖选得不妥，一朝破败，就将一败涂地。

后来，秦朝灭亡，各路反秦将领中势力最强的楚霸王项羽和汉王刘邦为了争夺天下，进行了为时五年的战争，形成了“楚汉相争”的混战局面。

“一败涂地”，按唐朝颜师古的注释是：“一见破败，即肝脑涂地也。”“肝脑涂地”本形容死亡的惨烈。例如《汉书·蒯通传》：“今刘、项分争，使人肝脑涂地，流离中野，不可胜数。”《越绝书·内传》也有：“越王谓子贡曰：‘士民流离，肝脑涂地。’”“肝脑涂地”也用来表示自愿牺牲，例如《汉书·苏武传》：“苏武曰：‘武常愿肝脑涂地，今得杀身自效，虽蒙斧钺汤镬，诚甘乐之。’”

现在我们通常所谓的“一败涂地”，却并不包含“肝脑涂地”的意思，而是形容惨重的失败。

释读

一旦失败就肝脑涂地。形容失败惨重得不可收拾。引申为处境狼狈不堪。

一网打尽

出处

宋·魏秦《东轩笔录》：“刘见宰相曰：‘聊为相公一网打尽。’”

典故

晋公子夷吾和公子重耳是两兄弟。公子夷吾得到秦国和齐国的帮忙，登上国位，就是晋惠公。

晋惠公的大臣分成两派，拥护惠公的一派以郤芮和吕省为首，暗地里拥护重耳的一派以里克和丕郑为首。当然，这班人对晋惠公个人来说都是有功的。

可是，当丕郑到秦国去办事的时候，晋惠公借故杀了里克。丕郑回来后，心里很恐惧，生怕自己也被惠公杀掉。他忐忑不安，战战兢兢了相当长一段时间，可是后来倒没什么对他不利的事情发生，他也就安下心来。当然，他心里很恨惠公，便暗地召集同党，商量赶走夷吾，迎公子重耳登位。

有一天，屠岸夷要来见丕郑。他从午间等到深夜，才见着丕郑。丕郑问他有什么事情，屠岸夷告诉他，惠公要杀自己，所以请丕郑相救。

丕郑说："你去叫吕省救你吧！"屠岸夷说："吕省一伙不是好人，我正要喝他们的血，吃他们的肉呢！"丕郑不大相信。紧接着，屠岸夷献上怎样推翻惠公的办法。丕郑听了，大声喝道："是谁教唆你来说的？"屠岸夷见他还是不信，就咬破手指头，他的手指顿时鲜血直流。屠岸夷对天发誓说："老天爷在上，我如有三心二意，叫我全家都死光。"这么一来，丕郑终于相信了他。

屠岸夷跟着丕郑这一伙人密谋对策。他们写了一封信给重耳，准备请他回来。丕郑、屠岸夷等十位大臣都签了字。最后，屠岸夷把信贴胸地带走了。

第二天，官员上朝时，丕郑怎么都觉得气氛不对。果然，晋惠公质问丕郑说："你们为什么要迎公子重身？"

丕郑这一班人都大吃一惊，心知不妙，后悔不该轻信了信誓旦旦实则是在耍花样的屠岸夷。可是这个时候，大家已无丝毫反击之力，就只能任由被抓去砍了头。

就这样，九位反对夷吾的大臣再小心翼翼最终还是没能逃过晋惠公的手掌心，而被“一网打尽”了。

释读

一网把鱼虾打得一个不留。形容全部捉住或彻底肃清。

郑人买履

出处

战国·韩非《韩非子·外储说左上》："郑人有欲买履者，先自度其足，而置之其坐。至之市而忘操之，已得履，乃曰：'吾忘持度。'反归取之，及反，市罢，遂不得履。"

典故

郑国有一个人，眼看着自己脚上的鞋子从鞋帮到鞋底都已破旧不堪，准备到集市上去买一双新鞋。

去集市之前，这个郑国人先在家里用一根尺子量好了自己脚的尺寸，接着却随手将尺子丢在了凳子上，就急急忙忙起身出了门。

一路上，他紧走慢赶，走了一二十里路，花了一个时辰，

才来到了集市。集市上热闹极了，人群熙熙攘攘，商品琳琅满目。这个郑国人径直走到鞋铺前，只见里面有各式各样的鞋子。

郑国人让掌柜的拿了几双鞋，他左挑右选，最后选中了一双自己觉得满意的鞋子。他正准备掏出尺子，用事先量好的尺码来比一比新鞋的大小，可是，就是遍寻不着尺子。后来，他一拍脑门，忽然想起尺子被搁在家里的凳子上忘记带来了。于是他放下鞋子，赶紧跑回家去。他急急忙忙地返回家中，拿了尺子，又急急忙忙赶往集市。尽管他赶得急，一来一回，还是花了差不多两个时辰。等他到了集市，太阳快下山了。集市上的小贩都收了摊，大多数店铺已经关门。他来到鞋铺，鞋铺也打烊了。

郑国人没买成新鞋。他低头瞧瞧自己的脚上，原先那个鞋窟窿现在更大了。他十分沮丧，恨自己记性不好，竟然忘了带尺子，也恨集市那么早就散了。

当他在自怨自艾时，有几个人听到了他的叹息声，于是围过来问他出了什么事。听了他的倾诉后，大家惊奇地问他："买鞋时为什么不用你的脚去穿一下，试试鞋的大小呢？他坚定地回答说："那可不成，量的尺码才可靠，我的脚是不可靠的。我宁可相信尺码，也不相信自己的脚。"

释读

讽刺死守教条，而不从客观实际出发的人。履：鞋子。

安然无恙

出处

《战国策·齐策》："岁亦无恙耶？民亦无恙耶？王亦无恙耶？"

典故

赵国国君赵惠文王去世后，他的儿子太子丹继位为赵孝成王。由于孝成王还年轻，国家大事由他的母亲赵威后负责处理。赵威后是一个比较贤明而有见识的中年妇女。她刚刚主持国事的时候，秦国对赵国的进攻一天比一天紧。赵国国力不如秦国，形势十分危急，于是向齐国求救，齐国要赵威后把她的小儿子长安君送到齐国做人质，然后再出兵。赵威后最疼爱的就是这个小儿子，当然舍不得他离开，而大臣们都要她以国事为重，让长安君前去做人质。为此，赵威后很生气，说如果谁再来劝她，她就把唾沫吐到他的脸上去。大臣触龙说：“父母如果真的爱自己的孩子，就应该为他打算，让他为国家作出贡献，这样长安君以后做了国君，天下的人才会真的拥护他。”赵威后觉得这话有道理，就把长安君送到齐国。齐国出兵帮助赵国打退了秦军。

过了一段时间，齐王派使者带着信到赵国问候赵威后。赵威后还没有拆信就问使者：“齐国的收成不坏吧？老百姓平安吗？齐王身体健康吗？”这一下，齐国使者不高兴了，因为在这个使者的眼里，国君是天底下最重要的人，而收成和老百姓怎么可以和国君相比呢？于是他很生气地说：“我受齐王派遣来问候您，现在你不先问候齐王，却先问收成和百姓，难道可以把低贱的放在前面，把尊贵的放在后面吗？”赵威后微微一笑，说：“不是的。如果没有收成，怎么会有百姓？如果没有百姓，怎么会有君主？难道问候时可以舍弃根本而只问枝节吗？”

齐国使者听了，一时说不出话来。这则“无恙”的典故，后来就演化出成语“安然无恙”。

释读

原指人平安没有疾病，现泛指事物平安未遭损害。恙：病。

暗度陈仓

出处

《群音类选·〈桃园记·独行千里〉》：“就是韩信暗度陈仓道，有贼兵来犯着，杀得他怎生逃。”

典故

秦朝被推翻的时候，刘邦首先攻入咸阳。当时势力最强的项羽不愿意让刘邦当“关中王”，就把巴、蜀和汉中三个郡给刘邦，封他为汉王，想用这样的方法把刘邦困在偏僻的山里。又把关中划作三部分，分给秦朝的降将章邯、司马欣和董翳，来封锁刘邦向东的出路。

刘邦的确也有独霸天下的野心，当然很不服气，但又打不过项羽，不得不暂时听从安排，前往南郑，并且接受谋士张良的计策，把一路走过的几百里栈道全部烧毁。栈道，是在险峻的悬崖上用木材架设的通道。烧毁栈道是为了便于防御，更重要的是为了迷惑项羽，使他以为刘邦真的不打算出来了，从而放松戒备。

到了南郑以后，刘邦又听从大将韩信的计策，派出几百名官兵去修复栈道。守在关中西部的章邯听到了这个消息，不禁笑道："谁叫你们把栈道烧毁的！自己断绝了出路，现在又来修复，这么大的工程，只派几百个士兵，看你们哪年哪月才完得成。"因此，章邯对于刘邦、韩信的这一行动，根本就没放在心上。

可是，不久章邯便接到紧急报告，说刘邦的大军已攻入关中，陈仓被占，守将被杀。章邯起初还不相信，以为是谣言，等到证实的时候，才慌忙领兵抵抗，已经来不及了。章邯被迫自杀，驻守关中东部的司马欣和北部的董翳也相继投降。号称三秦的关中地区于是一下子被刘邦全部占领了。

原来韩信表面上派兵修复栈道，装作要从栈道出击的样子，实际上却和刘邦统率主力部队，暗中抄小路袭击陈仓，趁章邯不备取得了胜利。

释读

指正面迷惑敌人，而从侧翼进行突然袭击。亦比喻暗中进行活动。陈仓：古县名，在今陕西省宝鸡市东，为通向汉中的交通要道。

百折不挠

出处

汉·蔡邕《太尉乔玄碑》：“其性庄，疾华尚朴，有百折不挠，临大节而不可夺之风。”

典故

东汉时，有个名叫桥玄的地方官员，他是个很有远见的人。年轻时的曹操，别人都把他当做一般人看，但桥玄却很欣赏他。桥玄曾对曹操说：“天下将乱，非命世之才不能济也，能安之者，其在君乎！”就是说，天下将要大乱，不是非同一般的人才不能济世安邦，能够使天下安定的人，大概就是你了。可谓期望极高。又说：“吾见天下名士多矣，未有若君者。吾老矣，愿以妻子为托。”意思是说，天下的名士我见得多了，没有一个能比得上你的，等我死了以后，希望你能照顾我的妻子儿女。可见，他对曹操不但欣赏，而且十分信任。曹操也一直铭记桥玄的知遇之恩，多年以后还遣使祭祀这位热心奖掖的前辈。

但桥玄最著名的还是他刚直不阿的性情，他不仅揭发豫州长官羊昌横行霸道的罪恶，还严惩贪赃枉法的下属。汉灵帝时，桥玄被任命为尚书令。那时太中大夫盖升仗着和灵帝有旧交情，大肆搜刮民财，桥玄上书揭发，灵帝不但不理，还升了盖升的官。桥玄一气之下，就托病辞职回了老家。后来虽然又被任命为“太尉”等职，但几乎都没有上任。

有一天，桥玄十岁的小儿子在门前游玩，忽然来了三个强盗，把孩子绑架而去，并借此勒索。当地负责治安的守备长官知道了，马上派兵去救，把强盗住处团团围住。当时情况十分危急，所有的人都替孩子担心。守备长官因怕强盗会杀桥玄的儿子，迟迟不敢动手。这时桥玄愤怒地喊道：“强盗是众人的祸害，我难道能因为儿子的生命就放了这伙坏人吗？”催促官兵们赶快动手。结果虽然强盗全都被捕，但桥玄的小儿子也因此被杀。但是桥玄并不后悔，因为他替百姓除了一大害。

释读

比喻意志坚强，无论受到多少次挫折，毫不动摇退缩。折：挫折；挠：弯曲。

兵不厌诈

出处

《韩非子·难一》："臣闻之，繁礼君子，不厌忠信；战阵之间，不厌诈伪。"

典故

春秋时期，各诸侯国之间为了扩张势力，经常发动大大小小的战争。有一年，楚国攻打宋国，宋国不敌，就向邻近的晋国求救。当时，晋国由晋文公执政。第二年春天，晋文公派兵攻打楚的盟国曹国和卫国，提出要求说除非他们与楚国绝交，不然就灭了他们。这个消息传到楚国，楚王大怒，于是撤掉对宋国的包围，来和晋国交战。两军在城濮（今山东鄄城西南）对阵。

当初，晋文公重耳做公子时，受后母迫害，在各个诸侯国之间逃亡，一路上吃了很多苦，受尽别人的冷遇。但逃到楚国时，受到楚成王的款待。当时楚成王问重耳以后如何报答，重耳说："美女、绸缎等，您都有了，我能给您什么呢？假如托您的福我能回国执政，万一遇到两国发生战争，我就撤退三舍(一舍为三十里)。如果楚国还不能谅解，双方再交手。"

所以在城濮对阵时，为了实现当年的诺言，晋文公下令撤军九十里。楚国大将子玉率领楚军紧逼不舍。当时，楚国联合了陈、蔡等国，兵力比较强；晋国联合了齐、宋等国，兵力相对比较弱。应该怎样打这一仗呢？晋文公的舅舅子犯说："我听到过这样的说法：对于注意礼仪的君子，应当多讲忠诚和信用，取得对方信任；在你死我活的战阵之间，不妨多用欺诈的手段迷惑对方；你可以采取欺骗敌军的办法。"晋文公听从了子犯的计谋，首先打败由陈、蔡军队组成的楚军右翼，然后主力假装撤退，引诱楚军左翼追赶，再以伏兵夹击。楚军左翼大败，中军也被迫撤退。这就是历史上著名的以弱胜强的城濮之战。晋国取胜后，与齐、鲁、宋、郑、蔡、莒、卫等国会盟，成为诸侯霸主。

释读

作战时尽可能地用假象迷惑敌人以取得胜利。厌：嫌恶；诈：欺骗。

垂头丧气

出处

唐·韩愈《送穷文》：“主人于是垂头丧气，上手称谢。”

典故

唐朝末年，政治腐败，各地藩镇自拥兵权，根本不听朝廷命令，形成了军阀割据的局面。唐昭宗面对这大乱的天下，既没有治理国家的才能，更没有扭转乾坤的志气，只不过是个傀儡罢了。当时在北方有两个势力最强的藩镇，一个是李茂贞，一个是朱全忠。两个人为了争夺傀儡皇帝，以便把持朝政，展开了激烈的混战。在京城长安，朝廷中的臣僚也随之分成两派，其中一派以宦官韩全海为首，听命于李茂贞；另一派以宰相崔胤为首，臣服于朱全忠。

李茂贞的根据地在陕西凤翔，离长安比较近，长久以来，通过韩全海操纵着朝中大权，排挤、打击宰相崔胤。崔胤失势，朱全忠当然不甘心，就发动了一次武装政变，率领七万大军袭击长安。朱全忠大兵压境，又有崔胤做内应，一时间，直杀得京城一带天昏地暗，血流成河，朝廷军队根本无法抵挡。韩全海一看形势不利，就想去投靠李茂贞。他哭着上奏昭宗说："朱全忠就要来了，想要挟持陛下到他的领地去，逼陛下让位给他。我不忍心看高祖留下的天下改换他姓，希望陛下和我们一起去凤翔，联合义兵讨伐叛贼。"昭宗开始不答应，但在韩全海等人威逼之下，就答应了。于是，韩全海等人放火烧了宫殿，劫持昭宗仓皇西逃。

另一头，朱全忠没有达到目的，当然不肯罢休，率兵继续西进，大举进攻凤翔，把城池团团包围住。李茂贞率军出击，却屡战屡败。到后来，城中已经是弹尽粮绝，又没有后援，士兵也都没了士气，连昭宗皇帝也要没东西吃了。李茂贞没办法，只得同朱全忠讲和。这时，最感到难堪的当然是韩全海等人了。他们见大势已去，但是又无计可施，一个个垂头丧气，像斗输了的公鸡一样。在朱全忠的强大压力下，李茂贞不得不交出唐昭宗，并把韩全海等二十余人全部斩首。朱全忠这才解了凤翔之围，将昭宗"迎回"长安去了。

释读

形容因失败或不顺利而情绪低落、委靡不振的样子。

唇亡齿寒

出处

《左传·僖公五年》：“谚所谓‘辅车相依，唇亡齿寒’者，其虞、虢之谓也。”

典故

春秋时，晋献公想进一步扩充自己的地盘和实力，就找借口说邻近的虢国经常侵犯晋国的边境，要派兵灭了虢国。可是在晋国和虢国之间还隔着一个虞国，要攻打虢国必须经过虞国。“那怎么样才能顺利通过虞国呢？”晋献公问手下的大臣。大夫荀息说：“虞国国君是个目光短浅、贪图小利的人，只要我们送他价值连城的美玉和宝马，他不会不答应借道的。”晋献公虽然觉得荀息的话有道理，可是要把那么多的宝物送给别人，他又实在有点舍不得。荀息看出了晋献公的心思，就说："虞、虢两国是唇齿相依的近邻，虢国一旦灭了，虞国也不可能独存，您的美玉和宝马只不过是暂时存放在虞公那里罢了。"晋献公一听，想：这样倒也不错啊，以后这些宝物还是我自己的。就采纳了荀息的计策。

虞国国君一见到这些珍贵的礼物，顿时心花怒放。荀息趁机提出要借道虞国之事。虞国国君正高兴着呢，哪里还会想到其中有什么不妥。再说，刚刚才收了别人的礼物，也不好意思拒绝啊，就满口答应下来。虞国大夫宫之奇听说后，赶快阻止道："不行，不行，虞国和虢国是唇齿相依的近邻，我们两个小国相互依存，有事可以彼此帮助，万一虢国灭了，我们虞国也就难保了。俗话说：'唇亡齿寒'，没有嘴唇，牙齿就会感到寒冷！这话说的就是虢国和虞国啊。借道给晋国是万万使不得的。"虞公说："人家晋国是大国，现在特意送来美玉宝马和咱们交朋友，难道咱们借条道路让他们走走都不行吗？"宫之奇连声叹气，知道虞国离灭亡的日子不远了，回去后马上带着一家老小离开了虞国。果然，晋国军队借道虞国，消灭了虢国，随后又把亲自迎接晋军的虞公抓住，灭了虞国。

释读

嘴唇没有了，牙齿就会感到寒冷。比喻利害密切相关。

大器晚成

出处

《老子》："大器晚成，大音希声。"

典故

东汉末年，有个名叫崔琰的人，他从小就喜欢练习武艺，剑法很好，而且他为人豪爽，特别喜欢交朋友。可是，有些人却认为他不学无术，除了舞刀弄棒，学问上一窍不通。有一次，他去拜访一个很有学问的人，可是主人让管家出来告诉他说："主人正在潜心读书，无暇闲谈。"崔琰是个聪明人，知道人家是嫌他没知识，不屑于见他，因此感到十分羞愧。他暗自下了决心，一定要好好读书，成为一个能文能武的人。那时，他已经二十三岁了。从此，崔琰虚心拜师求学，读《论语》，学“韩诗”，由于他刻苦努力，学问逐渐增多起来。后来，崔琰跟随曹操，为曹操出了不少主意。

崔琰做尚书时，曹操和他商量，想立小儿子曹植为太子。崔琰说：“自古以来，都是立长不立幼，您立曹植，曹丕心里不服，大臣们也不服，这就种下了祸根。纵观古今，因为废长立幼引起的骨肉相残还少吗？请主公三思而行！”其实曹植还是崔琰的侄女婿，但尽管是亲属，崔琰也不偏袒。这让曹操十分佩服崔琰的公正。

崔琰有个堂弟叫崔林，年轻时既没有成就也没有名望，亲戚朋友都看不起他，可是崔琰却很器重他。他常常对人说：“崔林其实很有内才，只是现在暂时还没有被人发现，但将来一定会有人发现他的。古人说‘大器晚成’，意思就是说，做好大器皿要比小器皿需要的时间长很多。同样的道理，像我这样的大人物，自然很快就会被人知道。但像崔林那样的小人物，人们了解他就要迟一点了。因此，你们千万不要小看崔林。”后来，崔林果然很有出息，当上了冀州主簿、御史中丞，还在魏文帝手下任过司空，地位和成就都远远超过了崔琰。

释读

指能担当重任的人物要经过长期的锻炼，所以成就较晚。也用做对长期不得志的人的安慰话。大器：比喻大才。

倒行逆施

出处

《史记·伍子胥列传》："吾日暮途远，吾故倒行而逆施之。"

典故

伍子胥本为楚国人。他的祖父叫伍举，因为侍奉楚庄王时刚直谏诤而显贵，所以他的后代子孙在楚国很有名气。

伍子胥性格刚强，青少年时，就好文习武，勇而多谋。后来，因遭楚太子少傅费无忌陷害，父、兄被楚平王所杀，伍子胥被迫出逃到吴国，发誓将来一定要灭了楚国，为父、兄报仇。他到了吴国后，一方面帮助吴王阖闾治理内政，另一方面举荐精通兵学的孙武为将，选练兵士，使吴国实力日益强盛。

接着他又根据吴与周边各国的强弱形势及利害关系，与孙武等制定先西破强楚，以解除对吴之最大威胁，继而南服越国以除心腹之患的争霸方略。

伍子胥针对楚国执政者人多但不团结，而且遇事就互相推诿的弱点，提出将吴军分为三部轮番击楚，以此来引诱楚国全军出战，但是又不正面与楚作战，楚军出来应战，他们就回去，等楚军回去了，他们就去挑衅。弄得楚军疲惫不堪后，吴军就大举进攻。几年下来楚军疲于奔命，实力大为削弱。接着，伍子胥又在楚国施行反间计，使楚国不用知兵善战的子期，却用贪鄙无能的子常为帅。几年后，伍子胥与孙武等辅佐阖闾统领大军，长驱直入楚都郢，终于灭了楚国。那时，楚平王已经死了，楚昭王又逃跑了，伍子胥没能抓到他。伍子胥不肯罢休，就挖出楚平王的尸体，狠狠地鞭打了三百下，总算解了心中之恨。他的好朋友申包胥看到伍子胥为报私仇而把自己的祖国灭了，还要在死人身上出气，就派人去对他说："你的报仇也太过分了！你本是平王的臣子，现在竟至于侮辱死人，这不是太不讲人道了吗？"伍子胥对来人说："我已经老了，日子有限，我急于报仇，没有别的办法，只好做这样违背常理的事！"

释读

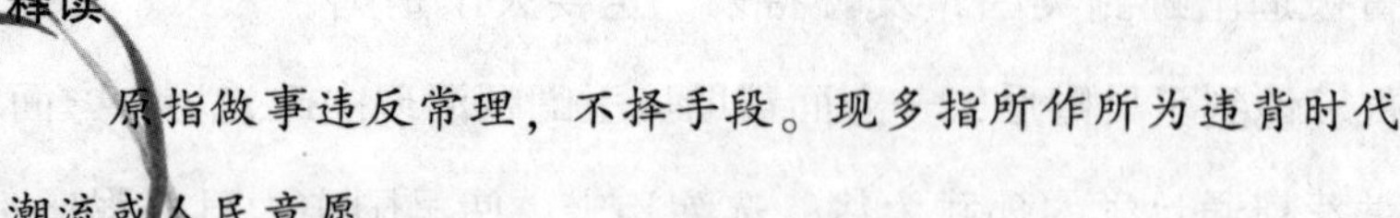

原指做事违反常理，不择手段。现多指所作所为违背时代潮流或人民意愿。

对牛弹琴

出处

汉·牟融《理惑论》："公明仪为牛弹清角之操，伏食如故。非牛不闻，不合其耳矣。"

典故

战国时代，有一个叫公明仪的音乐家，他既能作曲又能演奏，特别是七弦琴弹得非常好，弹的曲子优美动听，很多人都喜欢听他弹琴，人们很敬重他。

公明仪不但喜欢在室内弹琴，遇上好天气，还喜欢带琴到郊外弹奏。有一天，他携琴出门访友，经过一个山清水秀、花草遍地的地方，春风徐徐地吹着，垂柳轻轻地摇着，景色非常优美。公明仪不由得心旷神怡。这时，附近正好有一头老牛在低头吃草，公明仪心想，音乐是天地间的神音，通宇宙之灵气，为什么不能让我替牛来弹奏一曲呢？于是，他兴致勃勃地走到牛前，端坐下来，摆好琴，拨动琴弦，就给这头牛弹起了最高雅的乐曲——《清角之操》来。曲子清旷悠扬，婉转动听。可惜的是，老黄牛只顾埋头大嚼青草。一曲弹完了，牛在那里无动于衷。公明仪有点扫兴，可是转念一想，这支曲子可能太高雅了，该换个曲调，弹弹小曲。可是老牛仍然毫无反应，继续悠闲地吃草。公明仪想，平时大家都说我弹得好，难道我连一头老牛也征服不了吗？于是他拿出自己的全部本领，一曲接一曲地弹奏自己最拿手的曲子。这时候，周围聚集了很多听众，大家都听得如痴如醉，完全沉浸在美妙的琴音中。可再看看那头老牛，它偶尔甩甩尾巴，赶着牛虻，仍然低头闷不吱声地吃草。最后，老牛竟慢悠悠地走开，换个地方吃草去了。公明仪见老牛始终无动于衷，很是失望。人们安慰他说：“你不要生气了！不是你弹的曲子不好听，是你弹的曲子不对牛的耳朵啊！”听人们这么说，公明仪也只好叹口气，抱琴回去了。

释读

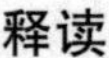

讥笑听话的人不懂对方说的是什么。也用来讥笑说话的人不看对象。

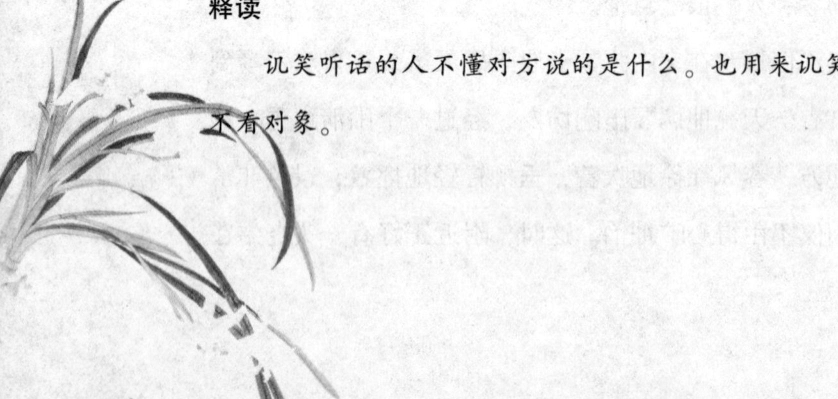

多多益善

出处

《史记·淮阴侯列传》：“臣多多而益善耳。”

典故

韩信年轻时一直被人看不起。他在淮城时，有个年轻的屠户侮辱韩信，说他虽然个子很大，而且常常带着刀剑，其实是个胆小鬼。并当众侮辱他说：“能死，刺我；不能，出胯下。”就是说，如果你够厉害，就杀了我；如果你不行，就从我的胯下钻过去。这对一个人来讲可是奇耻大辱。没想到，韩信注视了对方很久，慢慢低下身来，真的从他的胯裆下爬了过去。街上的人都耻笑韩信，认为他是个怯懦之人。

其实，韩信并不是懦夫，而是个大智若愚的将才。秦末农民大起义开始后，韩信最初投奔项羽，但是没被重用；后来又投奔刘邦，因官职小又逃走了。但萧何曾经听韩信谈过自己的抱负，发现韩信是国中无双的军事奇才，所以他又把韩信追了回来。经过萧何极力推荐，刘邦就封韩信做了大将军，统率三军。有雄才大略的韩信果然消灭了项羽，为刘邦夺得了天下。

有一回，刘邦在和韩信的闲谈中，议论朝中将领的军事才能。在他俩看来，那些将军无论是沙场征战，还是出谋划策，都各有长处或短处。到后来，刘邦问韩信："你看我能指挥多少军队呢？"韩信说："陛下您最多能指挥十万人。"刘邦又问："那么你能带多少兵呢？"韩信说："我带兵当然是越多越好。"这一下刘邦觉得很没面子，勉强笑了笑说："既然是越多越好，你为什么始终在我的手下呢？"韩信从刘邦笑的神态中观察，猛然悟出了自己无意中刺伤了皇帝的虚荣心。他赶忙巧妙地回答说："陛下不善于带兵，却擅长指挥将领，这就是我始终在您手下的原因。况且您是真龙天子，受命于天，哪是我们这些人所能比拟的？"刘邦又笑了，这次是满意的笑。

释读

越多越好。益：更加。

咄咄怪事

出处

南朝·宋·刘义庆《世说新语·黜免》："殷中军（殷浩）被废在信安，终日恒书空作字，扬州吏民寻义逐之，窃视，唯作'咄咄怪事'四字而已。"

典故

东晋时，有个人出身豪门贵族，名叫殷浩。他爱好玄学，擅长论谈，年轻时就很出名。他和王导清谈，讲到精彩处，直听得王导和众人如痴如醉。清谈中，其他人几乎都变成插不上嘴的呆头鹅，只能傻傻地坐在一边。后来，只比殷浩年轻三岁的谢尚去跟殷浩交流。殷浩轻描淡写地只用了三成功力就能抛出数百句条理分明的佳句，结果谢尚听得目瞪口呆，汗流满面，一句话也接不上。据说，连当时清谈界高手中的高手也在殷浩面前甘拜下风。

但是口才这么好的殷浩就是不肯出来当官。后来，他被推荐为建武将军，又被推荐为扬州刺史。他再三推辞，可是朝廷不同意，他只好赴任就职。

之前，殷浩和大将军桓温同样有名望，所以桓温常常有一种竞争心理。他曾经问殷浩："你和我相比，谁强些？"殷浩回答说："我和自己长期打交道，宁愿作我。"殷浩并不看重桓温，既不甘退让，又不愿和他竞争，所以这样说。但是桓温听了心里就不高兴了，想这分明是你看不起我。两个人之间就种下了矛盾。

后来殷浩被任命为中军将军，并领兵北伐。他屡战屡败，桓温乘机上书朝廷对他进行攻击。结果，他被废为平民，流放到信安去了。

殷浩当了平民百姓以后，从来不说一句抱怨的话，整天无忧无虑地读书、吟诗，似乎什么事也没有发生过。但他有个很怪的习惯，就是整天用手指在空中做写字的模样。别人暗中观察，发现他写的老是"咄咄怪事"：四个字，此四字的意思是令人惊讶的怪事情。他是借这个办法，来表示心中的不平。

释读

表示吃惊。形容不合常理，难以理解的怪事。

风声鹤唳

出处

《晋书·谢玄传》：“闻风声鹤唳，皆以为王师已至。”

典故

前秦皇帝苻坚野心很大，垂涎南方的山河锦绣，土地肥沃，于是亲率九十多万大军南下伐晋。谢安让弟弟谢石为都督，侄子谢玄为先锋，率八万精兵迎战。秦军前锋苻融先攻占了寿阳。苻坚率领八千骑兵赶到这里，想等大部队一到，就大举进攻。苻坚并不是一个武夫，也懂得先礼后兵，他派东晋归顺过来的官员朱序前去劝降，哪知朱序是假意降秦，他向谢石详细报告了秦军的布防，并建议谢石趁前秦主力未到，发兵夺取秦军最薄弱的东部防线洛涧地区。谢石听了他的计策，突袭洛涧取胜并挥军进逼寿阳。

苻坚闻信大惊，急忙上城楼观望敌情。只见城东淝水宽阔，烟波茫茫，晋军战船排列得整整齐齐，旌旗刀枪密密麻麻。苻坚心中也不由得暗暗赞赏晋军训练有素，布阵有方。他又扭头向晋军大营所在的八公山望去，薄雾之中，群峰起伏绵延，草木郁郁葱葱，西北风吹过，草木摇动，犹如千军万马在暗暗运动。苻坚惊恐地说："看来晋军在水面和山上都部署了精锐的兵力，我若不用奇计，难以取胜。"

苻坚正在苦苦思索，符融来报告说："刚才谢玄的使者来说，与其隔着一条淝水持久对峙，不如我军先后退，让晋军渡过淝水，以便速战速决。不知其中是否有诈。"符坚大喜，笑着说："真是天赐良机啊！我们将计就计，先假意答应，引诱晋军渡河，等他们登陆了一半时，我们猛地冲杀上去，定能一举成功。"

于是秦兵开始后退，晋军迅速渡河。哪知道秦军很多是新兵，一听后退，还以为是前方打了败仗，便慌忙逃窜。谢玄率军猛击，再加上朱序让一些亲信在军中高喊："晋军追来了，快逃啊！"秦兵溃不成军，人马互相践踏，死伤无数。在狼狈逃窜的途中，听到呼呼的风声与鹤群的惊叫，都以为是晋军追来了，于是更加慌不择路。秦军死伤十分之七八，符融丧命，符坚带伤逃回北方，晋军大胜。

释读

听到风声和鹤叫声，都疑心是追兵。形容人在惊慌时疑神疑鬼。唳：鸟鸣。

覆水难收

出处

《后汉书·何进传》："国家之事，易何容易？覆水不可收。"

典故

商朝末年，有个足智多谋的人物，叫姜太公。他的妻子马氏嫌他穷，没有出息，想离开他。姜太公一再劝说她别这样做，并说有朝一日他定会得到富贵。但马氏认为他在说空话骗她，无论如何不相信。姜太公无可奈何，只好让她离去。

后来，姜太公得到周文王的重用，又帮助周武王攻灭商朝，建立了西周王朝。马氏见他又富贵又有地位，懊悔当初离开了他，便找到姜太公请求与他恢复夫妻关系。

姜太公已看透了马氏的为人，不想和她恢复夫妻关系，便把一壶水倒在地上，叫马氏把水收起来。马氏赶紧趴在地上去取水，但只能收到一些泥浆。于是姜太公冷冷地对她说：“你已离我而去，就不能再合在一块儿。这好比倒在地上的水，难以再收回来了!”

几百年后，在烂柯山下，住着朱买臣和他的妻子崔氏。朱买臣为人老实厚道，每天苦读诗书，但运气不好，总是考不中。他家境贫寒，无以为生，只得到烂柯山上砍柴度日。

时间长了，崔氏渐渐地有些不耐烦了，脾气也越来越坏。后来，她竟让媒婆为自己找了个新丈夫——家道殷实的张木匠，并逼朱买臣写休书。朱买臣苦苦哀求妻子留下，但崔氏却坚定地表示，即使朱买臣将来做了高官，自己沦为乞丐，也不会去求他。朱买臣没办法，只好写下了休书。

不久，朱买臣考中进士，做了太守。崔氏想，木匠怎能跟太守相比？于是她蓬头垢面，赤着双足，跑到朱买臣面前，苦苦哀求他允许自己回到朱家。骑在高头大马上的朱买臣让人端来一盆清水泼在马前，告诉崔氏，如果能把泼在地上的水收回盆中，他就答应她回来。崔氏一听，知道没有希望了。她羞愧难当，竟然精神失常了。

释读

倒在地上的水难以收回。比喻事情已成定局，无法挽回。

功败垂成

出处

《晋书·谢玄传论》：“降龄何促，功败垂成，拊其遗文，经纶远矣。”

典故

岳飞一生抗击金军，屡建战功，威名传遍大江南北。他还建立起一支纪律严明、作战骁勇的抗金劲旅，名叫“岳家军”。

在朱仙镇，金兀术集合了十万大军，却被岳飞打得落花流水。岳飞这次北伐中原，一口气收复了许多城池，打得金军军心动摇，哀叹：“撼山易，撼岳家军难！”金兀术准备连夜从开封撤逃。收复沦陷十多年的中原近在眼前，岳飞兴奋地对大将们说：“直抵黄龙府，与诸君痛饮尔！”

但是，外敌难以撼动的岳家军，却遭到了南宋朝廷内部投降派的摧残。就在抗金战争取得辉煌胜利的时刻，甘心充当儿皇帝的高宗赵构，因担心一旦中原收复，金人放回他的哥哥钦宗，他就保不住皇位了，所以他急切地希望与金人议和。宰相秦桧是金人安插的内奸，他也乘机大肆破坏岳飞的抗战。他们狼狈为奸，首先命令东西两线收兵，接着以“孤军不可久留”为名，连下十二道金牌，急令岳飞班师回朝。

在要么“班师”、要么“丧师”的不利形势下，岳飞为了保存抗金实力，不得不忍痛班师。他愤慨地说：“十年之功，废于一旦！所得诸郡，一朝全休！社稷江山，难以中兴！乾坤世界，无由再复!”临回朝前，岳飞为了保护老百姓的生命财产，故意扬言第二天渡河，吓得金兀术连夜弃城北窜，准备北渡黄河。岳飞得以从容地组织河南大批群众南迁到襄汉一带，然后才撤离中原。可是，有个败类却告诉金兀术说岳飞已经退兵，金兀术于是又整军回到开封，不费吹灰之力，又把中原土地夺了去。

岳飞回临安后，立即陷入秦桧等人布置的罗网。不久即被秦桧诬为谋反而毒死。临死前，岳飞在供状上写下“天日昭昭，天日昭昭”八个大字。

释读

事情在将要成功的时候遭到了失败。垂：接近，快要。

画蛇添足

出处

《战国策·齐策二》："蛇固无足，子安能为之足?"

典故

古代楚国有个贵族，祭过祖宗以后，就把一壶祭酒赏给前来帮忙的门客。门客们拿着这壶酒，不知该怎么办。他们觉得，这么多人喝一壶酒，肯定不够，与其每个人都喝得不尽兴，还不如干脆让一个人喝个痛快。可是到底给谁好呢?'

他们七嘴八舌，想了好几个办法，都没能得到大家的一致同意。后来有人说："让咱们各自在地上比赛画蛇，谁先画好，谁就喝这壶酒。"大家都觉得这个办法既简单，又公平，就同意了。

于是，门客们一人拿一根小棍，开始在地上画蛇。有一个人技术特别好，速度又很快，不一会儿，他就把蛇画好了。于是他哼着小曲，得意扬扬地把酒壶拿了过来。他正要喝酒时，一眼看见其他人还没画完，便笑着又拿起小棍，一边还对其他人说："哈哈，你们画得可真慢，照你们这样的速度，我还有时间再给蛇添上几只脚呢！"于是，他真的开始给蛇画脚。

不料，这个人还没给蛇画完脚，手上的酒壶便被旁边一个人一把抢了过去。原来，那个人的蛇画完了。酒拿到手之后，那个人就迫不及待地打开酒壶准备喝。这个给蛇画脚的人急忙拦住，说："我最先画完蛇，酒应该归我喝！"那个人笑着说："可是大家都看到了，你到现在还在画，但我已经画好了，酒当然是我的！"画蛇脚的人争辩说："我早就画完了，看你们画得慢，我就给蛇添几只脚而已。"周围的人一起笑着说："蛇又不是蜈蚣，本来就没有脚，你怎么能给它添上脚呢？这酒反正你是喝不成了！"

听了这话，那个给蛇画脚的人无话可说，只能眼巴巴地看着别人咕嘟咕嘟地喝掉了那壶酒。就算他心中再后悔也已经来不及了。

释读

画蛇时给蛇添上脚。比喻做了多余的事，非但无益，反而不合适。

黄粱美梦

出处

唐·沈既济《枕中记》："怪曰：'岂其梦寐耶？'翁笑曰：'人世之事亦犹是矣。'"

典故

有一个姓卢的青年书生，旅途经过邯郸，住在一家客店里。正巧，道人吕洞宾也住在这家客店里。没过多久，两人便熟悉起来，谈天说地，聊得十分开心。

忽然，卢生低下头去看看自己破旧的衣裳，长长地叹了一口气。吕洞宾很好奇，问道：卢生，你年轻力壮，而且很有才学，我以为你很快活，可是你为什么叹气呢？"

卢生说："人生在世，应该博取功名，享受荣华富贵。可我……”显然，卢生是不安于自己一无所成而又简单清贫的生活。吕洞宾觉得好笑，就说道：“这很简单，我这里带着一个青瓷枕头。你只要枕着它睡一会儿，人世间的一切功名富贵，你就都能得到。”

卢生好奇地从吕洞宾手中接过青瓷枕头，枕着去睡。说也怪，他的头一挨着那枕头，便昏昏沉沉了……

这时候，在院中一角做饭的店主人，正往锅里下米。

卢生马上进入梦中。他觉得枕在头下的青瓷枕头渐渐大了起来。他很奇怪，就直起身子低下头去看。只见青瓷枕头一端，又渐渐变成了一扇很大的门。他小心翼翼地走进去。那是一处很大的庄园，竟然就是他的家。在那个家里，他过上了安闲的日子。

不久，他娶了清河县崔氏之女。她不仅美丽动人，而且家中非常富有，陪嫁的金银财宝不计其数。

后来，卢生去应试，竟中了进士，接着步步高升，做官一直做到节度使和御史大夫，还当了十年宰相，后来又受封为燕国公。同时，他有了五个儿子。他们都和名门望族结了亲，而且也都做了大官；而他的十几个孙子，也都个个聪明出众。真是儿孙满堂，福禄齐全。

他一直活到八十多岁才寿终正寝。梦中的死，惊醒了卢生。他睁开眼睛一看，自己仍在旅舍。卢生想想几十年荣华富贵，竟是短暂的一梦，很觉惊异。吕洞宾笑道：“人生就是这样！"

这时候，店主人的饭还没熟呢。

释读

比喻虚幻不能实现的梦想。黄粱：小米。

祸起萧墙

出处

《论语·季氏》："吾恐季孙之忧，不在颛臾，而在萧墙之内也。"

典故

季氏将要攻打附庸国颛臾。当时，孔子的两个学生冉有和子路正在季氏那里做家臣。一天，他们俩来参见孔子，说："季氏将对颛臾使用武力。"孔子一听，脸色一沉，说："冉有！这难道不应该责备你吗？颛臾，是曾经奉先王之命负责东蒙山祭祀的国家，而且它处在我们鲁国的疆域之中，这正是跟鲁国共安危的藩属，为什么要去攻打它呢？"

冉有说："是季孙要这么做，我们两人都不想的。"孔子一听更不高兴了，说："冉有！贤人周任有句话说：'能够施展自己的力量就去任职；如果不行，就该辞职。’比如瞎子遇到危险，不去扶持；将要摔倒了，也不去搀扶，那瞎子的助手还有什么用呢？再说你的话也错了。像老虎犀牛这样凶猛的野兽从栅栏里逃了出来，毁坏了匣子里的龟壳美玉，不责备看管的人又该责备谁呢？”这是把季氏比做猛兽，把冉有他们这样的家臣比做看管猛兽的人。

冉有看老师有些生气，赶紧辩解说：“颛臾城墙坚固，而且离季孙的采邑费地很近。如果现在不占领它，日后一定会给子孙留下祸害。”这一下，孔子真的生气了，他严厉地看着眼前的两个学生，说：“冉有！君子最讨厌那种不说自己贪心却一定另找借口的态度。我听说过：无论是有国的诸侯还是有封地的大夫，都不必担心财富不多，只担心财富不均；不必担心人民太少，只担心不安定。要是财富平均，就没有贫穷；和平相处，人就不会少；国家安定，就不会有危险。如果能做到这样，那么远方的人不归服的话，就发扬文治教化吸引他们来。他们来了，就让他们安心。如今你们俩辅佐季孙，远方的人不归服，却不能用文治教化招引他们；国家支离破碎，却不能保全；反而想在国境之内使用武力。我恐怕季孙的忧愁，不在颛臾，却在内部啊。”

释读

比喻内部发生祸乱。萧墙：古代宫室内当门的小墙。

急流勇退

出处

宋·苏轼《赠善相程杰》：“火色上腾虽有数，急流勇退岂无人。”

典故

吴越争霸时，越王勾践被吴王夫差打败。后来，他采纳了范蠡的计谋，向吴国称臣纳贡，并亲自去吴国做人质。当时，夫差听说范蠡很有才能，想叫他弃越归吴，但范蠡拒绝了，而是陪着勾践在吴国当人质。后来，他们又一起回到越国，范蠡劝勾践卧薪尝胆，使越国富强起来。还把越国的美女西施献给夫差，用美人计让夫差丧失斗志，同时还窃取了吴宫里许多重要的军事情报，为勾践灭吴、复越立下了汗马功劳。人们都觉得，像范蠡这样一位功成名就的上将军，应该好好享受荣华富贵了。

回国后的一次庆功宴上，有乐师作了一首《伐吴》之曲，称颂范蠡和另一个大臣文种的功劳，勾践听后却面无喜色。范蠡见了，不禁心里咯噔一下，立刻明白了一切：勾践这个人猜疑、嫉妒之心很重，不想归功于臣下。看来，自己若不及早脱身，日后难免招来杀身之祸。一想到这里，他就知道自己不该再留下来了。

第二天，范蠡就去见勾践，说："我听说国君受辱的话臣子就该死！二十年前，大王受辱，我却忍辱偷生，只是为了能复兴越国。现在，吴国已灭，如果大王能赦免我的罪过，我希望能退隐江湖。"虽然勾践假意挽留，但范蠡曾辅佐他多年，非常了解他，所以，当晚就不辞而别，乘着一叶小舟，涉三江，入五湖，辗转来到齐国，定居下来。

范蠡在齐，改姓换名，亲自率领儿子们耕作于海边，齐心合力，同治产业。由于经营有方，没有多久，产业竟然达数千万。齐国人听说范蠡的贤明，要请他做齐相。范蠡却叹道："做官做到卿相，治家能致千金，这都是老百姓能达到的极致了；久受尊名，终不是什么好事！"于是，他把家财都分给亲友乡邻，只带着最值钱的珠宝，从小道离开了齐国。

释读

在急流中勇敢地立即退却。比喻做官的人在得意时为了避祸而及时引退。

渐入佳境

出处

《晋书·顾恺之传》："恺之每食甘蔗，恒自尾至本，人或怪之。云：'渐入佳境。'"

典故

顾恺之一出世，母亲就离开了人间。父亲是朝廷命官，但当时官场非常腐败，父亲看不惯，更不想和别人同流合污，就辞官回家，每天都在房里写诗作文，倒也清闲自在。可是小小的顾恺之看到别的小伙伴都有父母两人相陪，就只有自己孤孤单单，心里很难过，就一次次冲进书房问父亲："人家都有妈妈，我的妈妈在哪里？"禁不住小恺之的一再询问，父亲只好以实相告。

顾恺之大哭了一场，从此变得沉默寡言了。心中只是想着母亲生得什么模样，于是他就一次又一次地问父亲，母亲的脸庞、身材长得如何。听了父亲的回答后，他心中有了母亲的样子。他发誓要把母亲的像画出来。

他白天画，夜里画，画了一张又一张，可是父亲见了总是摇头说：“不像。”他毫不气馁，继续作画。画到第十张时，父亲点了点头，说：“身材手足有点像了。”他欣喜若狂，更加用心画像。不久，他画的像得到了父亲的认可：“像了，像了，只是眼神还不大像。”他继续潜心画眼睛，画了改，改了画，当他又一次把画像送到父亲面前时，父亲大喜过望：“这就是你的母亲。”

这一年他才八岁。到二十岁时，顾恺之已经是著名的画家了。当同行问他曾经拜谁为师时，他回答说：“我母亲是我心中一直活着的老师。”

顾恺之画画特别用心，异于常人，在别的一些事上也和一般人不一样。传说他很喜欢吃甘蔗，但是吃甘蔗的时候，他不像别人那样先吃最甜的根部，而是先吃末梢，再往下一直吃到根部，别人都觉得很好奇，问他为什么这样吃。他就回答说：“这样吃才会越吃越甜，感觉越来越好啊。”

释读

原指甘蔗下端比上端甜，从上到下，越吃越甜。后比喻境况逐渐好转或兴趣逐渐浓厚。

九牛一毛

出处

西汉·司马迁《报任少卿书》：“假令仆伏法受诛，若九牛之一毛，与蝼蚁何以异？”

典故

李陵是汉武帝时期的一员大将，精通军事，擅长骑射，多次指挥汉朝军队打败强悍的匈奴骑兵。有一次，他带兵出击，一直深入到匈奴的国境，而且士气也越来越旺。汉武帝听到报告，觉得又一场大胜快要来了，心里很高兴。这时，许多大臣都凑趣地祝贺皇帝英明，善于用人。

可是后来竟传来消息，说李陵战败投降了。汉武帝非常生气，觉得有损大汉国威和自己的脸面。而这时，原来拍马屁的那些大臣就反过来责骂李陵没用和不忠。而司马迁站在旁边一声不响，汉武帝问他对这件事的看法。司马迁直爽地说："李陵是个很孝顺的人，平时对士兵也十分关爱，常常奋不顾身地为国效力。这一次李陵只有五千步兵，却被匈奴八万骑兵围住，但还是连打了十几天仗，杀伤了一万多敌人，已经算是一位了不起的将军了。最后因粮尽箭完，归路又被截断，才停止战斗，李陵并不是真的投降，而是要等待机会报效国家。他的功劳还是可以弥补他的失败之罪的。"在武帝听来，这些话一句比一句刺耳，再加上司马迁又讽刺皇上的近亲李广利在战场上懦弱无功，汉武帝大怒，就把司马迁关在大狱里。

第二年，又误传李陵为匈奴练兵，汉武帝更愤怒了，他不问事情真假，就把李陵的母亲和妻子都杀了。廷尉杜周为了讨好汉武帝，就诬陷为李陵说话的司马迁对皇上大不敬，竟让司马迁遭受了最残酷、最耻辱的宫刑。当时，司马迁以前的那些朋友怕连累到自己，躲避他都唯恐不及，更别说出来仗义执言了。司马迁受到这种巨大的打击，痛苦之余，很想自杀，但转念一想，像他这样地位低微的人死去，在许多大富大贵的人的眼中，不过像"九头牛丢了一根毛一样"，不但得不到同情，反而会惹人耻笑。于是他决心忍受耻辱，用自己的生命来创作《史记》，并最终完成它。

释读

九条牛身上的一根毛。比喻极大数量中极微小的数量，微不足道。

鞠躬尽瘁

出处

三国蜀·诸葛亮《后出师表》：“臣鞠躬尽力，死而后已。”

典故

诸葛亮协助刘备在成都建立了蜀汉政权，并担任蜀国的丞相。他一心想帮助刘备完成统一天下的大业。223 年，刘备病死。临终前，他拉着诸葛亮的手说：“你的才能高出魏帝曹丕十倍，一定能完成统一中国的大业。如果我儿子刘禅可以辅佐，你就辅佐他；如果他实在无能，你就自己做皇帝吧。”诸葛亮跪倒在地，痛哭流涕地说：“我一定会忠心耿耿地辅佐刘禅，到死也不会改变的。”

刘备死后，诸葛亮担当起了辅助刘禅治理蜀国的重任。无

论大小事情他都亲自去做，对每件事都尽心尽责。蜀国很快强盛了起来。为了完成刘备生前统一中国的愿望，他曾先后六次率领军队攻打魏国，争夺中原。228年冬天，诸葛亮又一次集结军队，出兵北伐。临出征前，诸葛亮给刘禅写了篇名为《出师表》的呈文，分析当时的形势，表示北伐的决心。里面写道：

我接受遗命以后，每天觉也睡不安稳，吃饭也不香。想到为了征伐北方的敌人，应该先去南方平定各郡，所以我五月领兵渡过泸水，深入到连草木都不生长的地区打仗，两天才吃得上一天的饭。不是我自己不爱惜自己，只不过是想到蜀汉的王业绝不能够偏安在蜀都，所以我冒着艰难危险来奉行先帝的遗志。可是有些发议论的人却说这样做不是上策。如今曹操刚刚在西方显得疲困，又竭力在东方和孙吴作战，兵法上说要趁敌军疲劳的时候向他进攻，所以现在正是进兵的时候。

文章结尾的时候，诸葛亮还说要为国家大事尽力到最后一刻，以此来表明自己的忠诚。

刘禅同意了他的出兵计划。诸葛亮带领大军北上，但是由于蜀魏力量相差太大，未能彻底取胜。诸葛亮并没有因为目的难以达到而灰心丧气，他一直组织进攻，最后病死在军营之中。

释读

指勤勤恳恳，竭尽心力，为革命，为人民奋斗终身。

举一反三

出处

《论语·述而》：“举一隅不以三隅反，则不复也。”

典故

在孔子的弟子里，颜回是才德最像他的一个，也是最为后人推崇的一个。不过，颜回刚入孔门时，在弟子中年龄最小，性格又内向，平时总是沉默寡言，就算说话才智也不外露，别人都觉得他有点笨。《冲波传》里有个故事，说有一次颜回和子路一起去河里洗澡，看见五色鸟在水中嬉戏，颜回问子路那是什么鸟。子路说是荧荧鸟。过了一段日子，他们俩去洗澡，又看见了五色鸟，颜回又问那是什么鸟，结果子路说是同同鸟。颜回很诧异，就问：为什么一种鸟有两个名字呢？子路说：这就像我们这里生产的鲁绢一样，用清水漂洗叫帛，用颜色染就成了皂，一种鸟有两个名字有什么奇怪的。

读这个故事，可能会觉得颜回真的有点笨。但其实，颜回是个大智若愚的人。连孔子也说："我和颜回谈论一整天，他从不提反对意见和疑问，就像一个愚笨的人。可是，我注意观察他课后的情况，却发现他很能发挥我所讲的内容，颜回并不愚笨啊。"这话里所说的"很能发挥我所讲的内容"指的就是颜回会举一反三了。孔子曾经对他的学生说过："我举出一个墙角，你们应该要能灵活地推想到另外三个墙角，如果不能的话，我也不会再教你们了。"可见他很重视弟子举一反三的能力。

后来，孔子在和弟子子贡聊天的时候，说起颜回和子贡谁更强一些，一向能言善辩的子贡也说："我怎么敢和颜回比呢？颜回呀，听到一件事就能够知道十件事；而我呢，听到一件事只能知道两件事。"当时孔子也点头称是。在其他场合，孔子也总是不遗余力地对颜回大加赞扬，夸他能闻一知十，推知全体，把知识融会贯通。

释读

比喻从一件事情类推而知道其他许多事情。反：类推。

卷土重来

出处

唐·杜牧《题乌江亭》：“江东子弟多才俊，卷土重来未可知。”

典故

秦朝灭亡后，楚汉相争，历时四年。楚霸王项羽自恃勇武，居功自夸，残暴不仁，渐渐丧失了民心，在战场上也是节节败退。

后来，项羽在垓下修筑了营垒，兵少粮尽。汉军及诸侯兵把他们团团包围了好几层。项羽只好带着八百多个部下，趁夜突破重围，向南冲出，飞驰而逃。天快亮的时候，汉军才发觉，骑将灌婴带领五千骑兵前去追赶。项羽渡过淮河，部下壮士能跟上的只剩下一百多人了。项羽到达阴陵，迷了路，去问

一个农夫，农夫骗他说："向左边走。"项羽带人向左，结果陷进了大沼泽地中。结果汉兵追上了他们。项羽又带着骑兵向东，到达东城时，只剩下了二十八人。

最后他们逃到了乌江边，汉军的数千追兵仍在穷追不舍。这时乌江亭长驾着一条小船来接应项羽，说："江东虽小，但是也有千里土地，数十万人口，你仍可在江东为王。所以，请你快上船渡江吧！"项羽苦笑着说："想当初我带领八千江东子弟渡江西进，驰骋天下。而今一败涂地，众人无一生还，即使江东父老同情我，还拥戴我为王，可我还有什么脸面去见他们呢？纵使他们不说什么，我难道心中就没有愧吗？"于是，他命令二十余人一齐下马，徒步与追来的汉兵决一死战，最后项羽用剑自刎了。

后来有人在项羽自刎处造了一座亭子，名叫乌江亭。到了唐朝，诗人杜牧游览这长江北岸的乌江浦，凭吊古战场，感慨不已。他觉得胜败乃兵家常事，大丈夫不应以失败为耻。如果项羽回江东集结人才俊杰，也许能够再返中原逐鹿。于是写了那首著名的《题乌江亭》：

胜败兵家事不期，包羞忍耻是男儿。

江东子弟多才俊，卷土重来未可知。

释读

比喻失败之后，重新恢复势力。

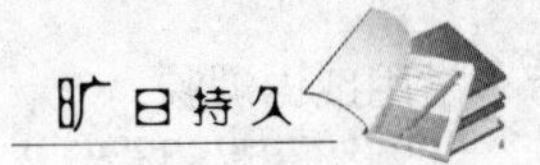

旷日持久

出处

《战国策·赵策四》："今得强赵之兵，以杜燕将，旷日持久，数岁，令士大夫余子之力，尽于沟垒。"

典故

战国时期，燕国派了一位骁勇善战的统帅，带领军队攻打赵国。赵王得到消息后，非常害怕，立即召集大臣商议对策。平原君赵胜当时是国相，他想出一个办法，说道："燕将虽然厉害，但我知道齐国的名将田单，多谋善战，本领绝对不在燕将之下。不如我国割三座城池送给齐国，以此为条件，请田单来帮助我们带领赵军作战，一定可以取得胜利。"

大将赵奢知道了，非常不高兴，他对平原君说："难道我们赵国就没有人可以用了吗？为什么不派我领兵抵抗呢？以前我曾经在燕国待过，燕国人让我守卫上谷，所以对燕国的军事要道、大小关隘，我都了如指掌。让我和燕国去打仗，再合适不过了。你们为什么要去请田单来呢？而且现在仗还没有打，你们就先要割三座城池给齐国，这怎么可以啊？”

平原君说：“将军不必再说了，我已经告诉了大王，而且大王也听从了我的计策。你再说也没有用了。”

赵奢说：“您这么说就不对了。如果田单不像人们说的那样厉害，就打不过燕军，我国也就不能取胜，那就是白请他来了；如果田单确实有本领，恐怕他也未必肯为我国出力，因为我国一旦强大起来，对他们齐国称霸不就是个威胁吗？因此，他绝对不可能为了我们赵国的利益而尽力对付燕军。”

接着，赵奢又进一步分析说：“田单要是来了，一定会把我们赵国的军队拖在战场上，荒废时间。这样长久地拖下去，不出几年，我国的人力、财力、物力就会被大大消耗掉，整个国家的实力会大大削减。到时候后果真是不堪设想！”但是，赵王和赵胜都没有听赵奢的意见，仍然割让三城，聘请齐国的田单来当赵军的统帅。结果，不出所料，赵国投入了一场得不偿失的消耗战，付出了很大的代价，只夺取了燕国一个小城。

释读

荒废时间，拖得很久。旷：荒废，耽误。

两袖清风

出处

元·陈基《次韵吴江道中》：“两袖清风身欲飘，杖藜随月步长桥。”

典故

东汉时，刘宠出任会稽郡太守。他一到任，就下令革除弊政，还发动老百姓兴修水利，围湖造田。三年之后，会稽郡成了富庶的鱼米之乡。老百姓十分感激这位好太守。

可这时刘宠的任期满了，他必须要离开了。这天晚上，他和夫人一起整理行李，突然，他问夫人说：“我们有多少积蓄？”夫人忙说：“刚好两千文，这是我们薪俸的积蓄，而且正和三年前来的时候一样多。”刘宠听了，放心地说：“这就好了，我不能从这里多带走一文钱，要不怎么对得起这里的百姓啊？”正说话间，府衙的王师爷进来了，他看了看刘宠简单的行李，叹口气说：“以前的太守临走时都是大包小包装了好多车，可是您依然两袖清风，我们会稽百姓怎能过意得去呢？”

因为不想惊动大家，第二天一早，刘宠夫妇就悄悄离开了府衙。日中时分，他们到了驿亭边，突然看到有十多位老人迎候在那里。原来，这些老人是代表乡民来送行的。他们说：“我们都很感念太守的恩德，今天太守要离开了，我们特来送行，并敬献微薄的盘缠。”说罢，十多位老人每人送上一串钱给刘宠。

刘宠百般推辞，但老人们的态度都很坚决，说刘宠如果不收钱，他们就要长跪不起。刘宠只好答应收每人一文钱，就算收下一份心意了，老人们才每人给刘宠恭恭敬敬地奉上一文钱，然后高高兴兴地别去。

走到界河边，刘宠把刚才老人们赠给他的十几文钱全部掏出来，投入了会稽的河中，终究也没有带走百姓的一文钱。后来，人们都称刘宠为“一钱太守”。这条河也由此更名为钱清河。据说到现在，过往的百姓透过清澈的河水，还能清清楚楚地看见那十多文钱静静地躺在河底。

释读

衣袖中除清风外，别无所有。比喻做官廉洁。也比喻穷得一无所有。

鹿死谁手

出处

《晋书·石勒载记下》："朕若逢高皇，当北面而事之，与韩、彭竞鞭而争先耳；脱遇光武，当并驱于中原，未知鹿死谁手。"

典故

东晋时，羯族出了个了不起的人物叫石勒。

他在二十岁时，被东晋的官吏掠卖到山东做奴隶，这一下简直就是掉入了地狱。他受尽折磨，苦不堪言。可是石勒毕竟不是普通人，他身体健壮而又有胆量，平时又喜欢骑马射箭，有着一身的好功夫。所以没多久，他就带头反抗。在二十一岁时领导十八骑闯荡中原。二十二岁时随汲桑起义，一路过关斩将，树立起自己的威信。汲桑死后，石勒率领部下投奔前赵国君刘渊，被刘渊拜为大将。

石勒知道，汉人的文化博大精深，所以他重用汉族失意官僚张宾，让他做谋士，辅佐自己渐渐发展成为称雄一方的割据势力。319 年，他自称赵王，建立政权，即为后赵，这时他才三十三岁。而同时期的桓温、刘裕称王时都已是六十高龄了。

能从奴隶到一国之君，石勒当然很得意。有一天，他设宴招待高丽的使臣，喝到尽兴处，他乘着酒兴问臣子徐光："你说我的功绩可以和历史上哪个君王相比？"徐光想：这可是我恭维大王的好机会啊！于是赶紧回答说："您非凡的才智超过汉代的高祖刘邦，卓越的本领又赛过魏太祖曹操，自古以来的帝王，没有一个人能比得上您！"在座的人都随声附和。石勒哈哈大笑道："你说得也太夸大了！一个人怎么会不了解自己呢？我如果遇到汉高相刘邦，一定甘心做他的部下，服从他的指挥，只是和韩信、彭越争个高低；假使碰到光武帝刘秀，我就和他在中原一块儿打猎，较量较量。那可就不知道鹿死谁手，天下落到谁的手中去了。"听了这话，徐光觉得很汗颜，可群臣却称赞不已。

释读

原比喻不知政权会落在谁的手里。现在也泛指在竞赛中不知谁会取得最后的胜利。

明目张胆

出处

《晋书·王敦传》："今日之事，明目张胆，为六军之首，宁忠臣而死，不无赖而生矣。"

典故

唐朝中期，有位大臣名叫韦思谦。他为人刚正，敢于直言。

唐高宗时，韦思谦担任监察御史，负责对各级官吏的政绩考察。有一次，他在考察中，发现中书令褚遂良压低地价、强买他人土地的事。虽然褚遂良当时位尊官高，而且深得唐高宗信任，但韦思谦毫不畏惧，立刻上书弹劾。因为证据确凿，朝廷也不好公开庇护大臣，只好把褚遂良调出京城，降职为同州刺史。褚遂良因此怀恨在心。

过了几年，褚遂良又被重用，恢复了中书令的官职。他利用职权对韦思谦打击报复，把韦思谦赶出京城，贬到清水当一个七品小县官。大家对韦思谦的遭遇很同情，就劝他以后要圆滑世故一些，不要再得罪权贵了。但是，韦思谦不改初衷，态度坚决、慷慨激昂地说："我是一个正直的人，遇见不合理的事，当然不肯放过，哪里有工夫考虑个人得失？大丈夫必须擦亮眼睛，放开胆量，报效国家，哪能庸庸碌碌，只图保住自己和妻子儿女的安全呢？"

后来，将军田仁会因与侍御史张仁祎不合，就诬告他。唐高宗亲自过问此案，张仁祎因为恐惧，回答得语无伦次。唐高宗一见这情形就想将张仁祎定罪。韦思谦挺身而出，向唐高宗表示，作为同事，他十分了解张仁祎的为人，并证明张仁祎无罪。最后，唐高宗还是采纳了韦思谦的意见。

韦思谦做官就是如此尽职尽责，在他任御史大夫和宰相期间，朝廷上上下下一片肃然。唐高宗非常赏识韦思谦，有时召见他时，虽然已经很疲倦，但还是恋恋不舍地和他长谈。后来，韦思谦的两个儿子也都做了宰相。父子三人同在朝堂为相，这在唐朝是唯一的一家。

释读

原指有胆识，敢作敢为。后形容公开放肆地干坏事。明目：擦亮眼睛；张胆：放开胆量。